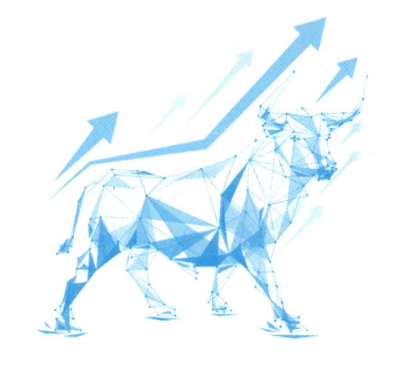

一本书读懂股票投资

许小恒 陈波 ◎著

STOCK INVESTMENT

中华工商联合出版社

图书在版编目（CIP）数据

一本书读懂股票投资 / 许小恒，陈波著. -- 北京：中华工商联合出版社，2024.7. -- ISBN 978-7-5158-4004-8

Ⅰ. F830.91

中国国家版本馆CIP数据核字第20245Y405J号

一本书读懂股票投资

作　　者：	许小恒　陈　波
出 品 人：	刘　刚
图 书 策 划：	蓝色畅想
责 任 编 辑：	吴建新　林　立
装 帧 设 计：	胡椒书衣
责 任 审 读：	付德华
责 任 印 制：	陈德松
出 版 发 行：	中华工商联合出版社有限责任公司
印　　　刷：	三河市九洲财鑫印刷有限公司
版　　　次：	2024年7月第1版
印　　　次：	2024年7月第1次印刷
开　　　本：	710mm×1000mm　1/16
字　　　数：	197千字
印　　　张：	14.5
书　　　号：	ISBN 978-7-5158-4004-8
定　　　价：	56.00元

服务热线：010-58301130-0（前台）

销售热线：010-58302977（网店部）
　　　　　010-58302166（门店部）
　　　　　010-58302837（馆配部、新媒体部）
　　　　　010-58302813（团购部）

地址邮编：北京市西城区西环广场A座
　　　　　19-20层，100044

http://www.chgscbs.com

投稿热线：010-58302907（总编室）

投稿邮箱：1621239583@qq.com

工商联版图书
版权所有　盗版必究

凡本社图书出现印装质量问题，
请与印务部联系。
联系电话：010-58302915

前　言

在当今这个投资门槛逐渐降低的时代，投资股票已经成了许多人的选择。有人甚至辞去正式工作，全职投入炒股中来。股市蕴含着诸多的不确定性，这些不确定性是股民所有痛苦和兴奋的来源。而我们要做的，就是在这些不确定性中寻找确定性，用更加科学、有效的方式解决炒股中遇到的各种问题。

在股市中，我们见证了太多的成功，同样也见证了太多的失败，我们当然或多或少都做好了失败的心理准备，但如果这个失败仅仅是由一些简单的技术问题导致的，那实在太令人惋惜了。因此对于许多投资者来说，如何选择正确的股票、如何把握市场趋势、如何制订有效的投资策略是值得好好学习的。

本书正是为了解决这些问题而创作的。作者有着几十年的炒股经验，在股市中见证了太多的起起落落，在长期的投资实践中总结出了一套行之有效的投资方法论。这套方法论不仅能够帮助投资者正确地选择股票，还能够帮助他们把握市场趋势，制订有效的投资策略，从而取得更好的投资回报。

翻开书后你会发现，这本书没有长篇大论，而是由一篇篇小的文章汇聚而成的，每篇文章后面，还附带了作者的炒股心得，即关于炒股的碎片化笔记，所有在炒股中灵光一现的想法、深思熟虑的选择、血泪经验的萃取都包含在其中了。

本书一共分成四篇，分别是理论篇、思维篇、高手方法论和实战演练。在理论篇中，作者将带大家简单回顾一些股票的基本理论知识，这也是新手认识股票的最简单直接的方式，其中会用几个故事深入浅出地解释什么是股市、什么是庄家等；在思维篇中，主要讲解的是炒股应该具备的思维，如赔钱的人存在什么思维、什么是赚钱思维、炒股成功的人有哪些特质等，在这一篇中，不讲技术，不讲理论，只专注炒股背后的思维和心态；在高手方法论中，主要为大家总结了十二大方法，这些方法都是炒股过程中被验证过的非常有效的方法，如果大家在炒股中有任何技术上的疑问，可以直接翻到这一篇，在这里，总能找到想要的答案；最后一篇的实战演练是配合着方法论使用的，在这一篇中，为大家列举了炒股中会遇到的十五种经典的股票形态，相信对大家会有一定的启发。

总而言之，这是一本非常实用的股票投资指南，它包含了许多实用的投资技巧和案例分析，可以帮助读者更好地理解和应用股票投资方面的理论知识。这本书不仅能够帮助读者提高投资水平，还能够帮助读者更好地掌握市场动态，实现自己的投资目标。希望读者们能够在阅读本书的过程中有所收获，并能够将其中的理论与方法应用到实际投资中去。

目　录

第一章　基础理论
第 1 节　股票 / 2

第 2 节　股市 / 5

第 3 节　庄家 / 11

第 4 节　散户 / 17

第 5 节　K 线图 / 21

第 6 节　均线 / 30

第 7 节　MACD 指标 / 42

第 8 节　成交量和换手率 / 52

第二章　盈利思维
第 1 节　赔钱的人有哪些思维？/ 64

第 2 节　有抄底思维的人一定会失败 / 66

第 3 节　投资者赔钱的原因 / 68

第 4 节　新手必须明白的六条铁律 / 73

第 5 节　真正的高手都有耐心 / 78

第 6 节　成功投资者的赚钱思维 / 82

第 7 节　犹太人的赚钱思维 / 86

第 8 节　炒股成功的人有什么特质？/ 89

第 9 节　买入时不急，卖出时不贪 / 94

第三章　高手方法论

第 1 节　周线选股法 / 100

第 2 节　缺口选股法 / 103

第 3 节　K 线黄金铁律：锤子线买进 / 109

第 4 节　突破进场法 / 114

第 5 节　涨停龙抬头战法 / 116

第 6 节　涨停回马枪战法 / 121

第 7 节　龙回头战法 / 128

第 8 节　堆量战法 / 134

第 9 节　N 字战法 / 139

第 10 节　波段顶部研判及逃顶术 / 143

第 11 节　天量抓龙法 / 146

第 12 节　涨停六步战法 / 151

第四章　实战形态详解

第 1 节　天眼地量形态详解 / 156

第 2 节　老鸭头形态详解 / 159

第 3 节　黄金坑形态详解 / 163

第 4 节　蛟龙出水形态详解 / 169

第 5 节　倒垂杨柳形态详解 / 174

第 6 节　马踏飞燕形态详解 / 179

第 7 节　高位不下，阳线震荡形态详解 / 182

第 8 节　斜阳西下形态详解 / 186

第 9 节　单阳不破形态详解 / 190

第 10 节　猎豹出击形态详解 / 194

第 11 节　破位吞噬形态详解 / 197

第 12 节　美人脚形态详解 / 202

第 13 节　经典圆弧底形态详解 / 206

第 14 节　快速辨别短线逃顶信号 / 210

第 15 节　实战中常见的回踩预判 / 215

〈第一章〉

基础理论

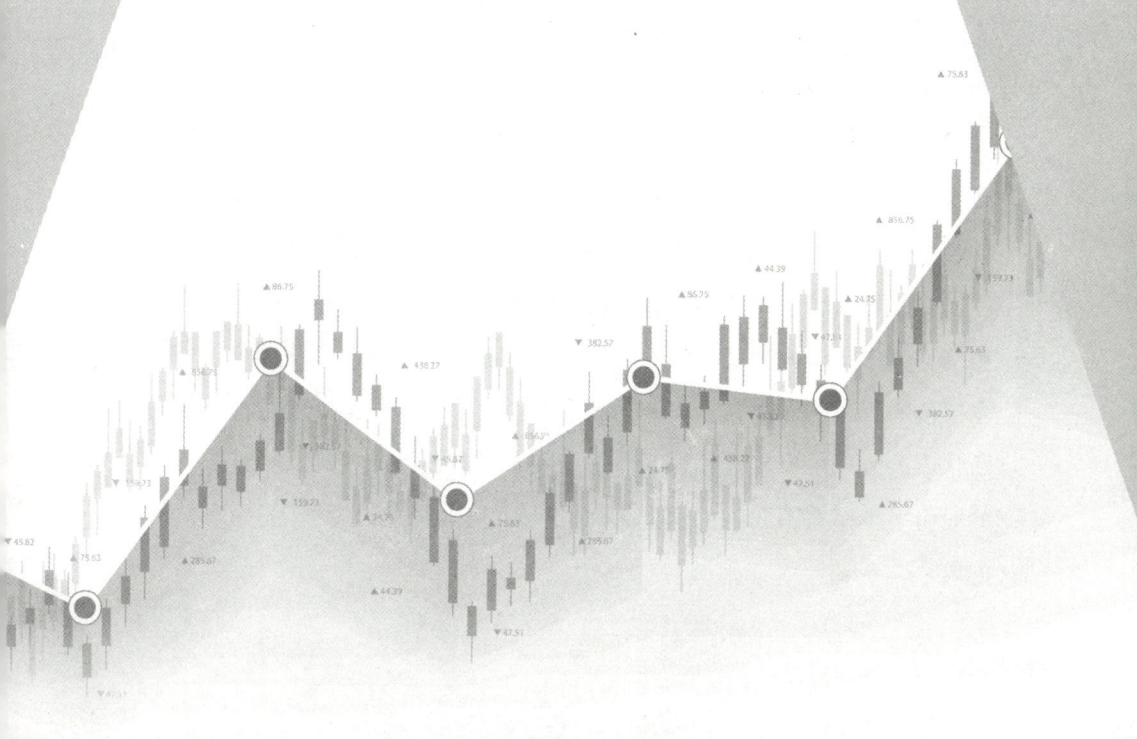

第1节　股票

很多进入股市的新手觉得股票就是一个数字，自己只要在股票的波动中买进卖出就能赚到钱；或者觉得股票是个交易品，是和房子一样的资产，低买高卖就行。事实上真的有这么简单吗？

有句话叫"一个人不可能赚到认知以外的钱"，这句话放在股市中也是一样的，一些人看到别人用很少的本金在股市中赚得盆满钵满，就觉得自己也可以，于是便兴冲冲地凑了一笔钱进入股市……结果可想而知。要想真正在股市中赚到钱，而不使自己辛苦赚来的钱打水漂，一定要对股票的概念有基本的认知和了解。

1. 什么是股票

简单来说，股票（Stock）是股份公司所有权的一部分，也是发行的所有权凭证，是股份公司为筹集资金而发行给各个股东作为持股凭证，使股东借以取得股息和红利的一种有价证券。股票是资本市场的长期信用工具，可以转让、买卖，股东凭借它可以分享公司的利润，但也要承担公司运作错误所带来的风险。每股股票都代表股东对企业拥有一个基本单位的所有权。每家上市公司都会发行股票。同一类别的每一份股票所代表的公司所有权是相等的。每个股东拥有平等的权利，按其所持有的股份多少享有不同的利润分红，但也要共同承担公司运作错误所带来的风险。

可以这样说，公司发行股票的最初目的是融资，公司出让了企业的部分所有权在股票市场中换取资金，从而使得企业有更好的发展。当你买了一家公司发行的股票，从理论上说，你也就成了这家公司的主人之一了。作为主人，你拥有一系列相关的权利，如参与公司的重大决策、参与股东大会、参与公司利润分红、享受股票上涨的收益等。因此，投资一只股票实际上就是投资一家公司，而投资公司的最终目的是获得利润分红。

2. 股票的特点

有一定炒股经验的老股民对股票的特点已经略知一二，但对于新手来说，股票的特点是需要学习了解的。概括来说，股票有以下几个特点。

第一，不可偿还性。股票是一种无期限的法律凭证，投资者认购股票后不能要求退股。

第二，收益性。投资股票可能获得收益，收益又分成两类，第一类来自股份公司，第二类来自股票流通。

第三，风险性。股票投资的风险主要是指预期收益的不确定性。

第四，流动性。指股票持有人可按自己的需要和市场的实际变动情况，灵活地转让股票以换取现金。

第五，参与性。股票持有者是股份公司的股东，可以参与公司的经营决策，参与的基本方式是出席股东大会，选举公司董事。

关于股票，《中华人民共和国公司法》有如下论述：

第一百二十五条　股份有限公司的资本划分为股份，每一股的金额相等。公司的股份采取股票的形式。股票是公司签发的证明股东所持股份的凭证。

第一百二十六条　股份的发行，实行公平、公正的原则，同种类的每一股份应当具有同等权利。同次发行的同种类股票,每股的发行条件和价格应当相同;任何单位或者个人所认购的股份,每股应当支付相同价额。

第一百二十七条　股票发行价格可以按票面金额,也可以超过票面金额,但不得低于票面金额。

⭐ 恒哥心得

在股票投资中,除了科学因素外,还存在投资艺术成分。只有在股市中亲自投资过的人才能真正理解其中的含义。

无论何时,股票交易市场都有一定的准入门槛,是只有少数人可以进入的市场。

为了学习投资,我们需要广泛了解宏微观经济学、统计学、心理学等方面的知识以及一些投资大师的交易策略和思想精髓,并系统地学习交易理念和交易策略。

接着,我们需要持续实践并纠正错误,经过沉淀,从而不断提升。

在炒股过程中,应当具备独立思考和判断的能力,不要盲目跟随他人的意见。

应该谨慎对待投资,了解市场并敬畏它,无论什么时候都要如此。在牛市中赚钱并不难,难的是在熊市来临时能够守住手中已经获得的财富。

第2节　股市

对于一个经常炒股且希望在股市中获得收益的股民来说，了解什么是股市是非常必要的。那股市的本质是什么呢？

1."卖烧饼"与股市

有人说，股市是一个融资和投资的市场，其中投资人为寻求收益而将资金投入股市，而融资者则需要获得资金以进行再投资或生产。也有人说，股市的本质是一个信息不对称的市场，因为投资人和融资者之间存在着信息不对称的现象，投资人无法完全了解公司的真实情况，而融资者则可能掌握更多的信息。还有人说，股市的本质是一个风险市场，因为股市的价格波动受到多种因素的影响，包括市场预期、公司业绩、经济环境等。

这些说法都有正确的方面，但对于股市本质的解释，其实还有一个更通俗易懂的故事。

在一个集市上，有两个卖烧饼的人。我们称他们为烧饼A、烧饼B。

他们的烧饼价格不受物价部门的管制，每个烧饼卖一块钱就能做到不亏不赚（算上劳动所得），而且两家的烧饼是等量的。

但他们的生意非常糟糕，没有一个人来买烧饼。烧饼A说："好无聊。"烧饼B说："我也很无聊。"这时，看到这个故事的你也会说：

"好无聊。"

这个时候，股市就是死气沉沉的！

为了不让所有的人都感到厌烦，烧饼A和烧饼B决定来一场比赛。这才是故事真正的开始。

烧饼A向烧饼B支付1元，买了一个烧饼，烧饼B也向烧饼A支付1元，买了一个烧饼，都以现金支付。

烧饼A又向烧饼B支付2元，买了一个烧饼，烧饼B又向烧饼A支付2元，买了一个烧饼，以现金支付。

接着，烧饼A用3元钱买了烧饼B的一个烧饼，烧饼B用3元钱买了烧饼A的一个烧饼，还用现金支付。

于是在所有人（包括你在内）眼中，烤饼的价格一路飙升，很快就达到了60元一个。

但如果烧饼A和烧饼B两个人手里的烧饼数量相同，那就是两个人都没赚到钱，也没赔到钱，但两个人的资产在重新估价后都"增值"了！

烧饼A和烧饼B的"财富"是以前的数倍，他们的价值和"市值"都有了不小的提升。

这时，一位路人C从旁边经过，看到了这一个一个的烧饼，一问价格，发现竟然卖60元一个，吓了一跳。

过了一个小时，过路的C才知道，烧饼已经卖到100元一个了，这让他很吃惊。

再过了一小时后，那位路人C又回来看了看，这烧饼竟然卖到了120元一个，便二话不说就买了一个。

因为他是个投资兼投机家，他认为烧饼的价格会继续上涨。

甚至还有人开出了一个目标价，在200元钱以上。

在股市里，路人C就是股民，给出目标价的人被称作研究员。

在烧饼A、烧饼B和路人C"赚钱"的示范效应下，后面买烧饼的人就更多了，烧饼的价格也跟着水涨船高，大家都很开心，但奇怪的是，竟然没有一个人吃亏。

在这种情况下，你可以想象，烧饼A和烧饼B两个人，谁的资产少，谁就能赚更多的钱。谁没有烧饼了，才能大赚一笔！而那些卖出的人，却懊悔不已，因为烧饼的价格，正在以肉眼可见的速度上涨。

那么，在这场交易里，谁吃亏了？

这个卖烧饼的故事很简单，人们可能认为谁买了一个高价钱的烧饼，谁就思想上出了问题。但是，回头看，我们所处的股票市场，有些所谓的"资产重估""资产注入"，不也是这样吗？

在高投资回报、高溢价下的资产注入，与卖烧饼的原理是相同的。

最后，拥有最少财产的人将会成为赢家，将会获得很高的收益。

因此，身为一名投资者，应该理性地看待资产重估和资产注入，面对他人的诱导，要理性地对待。

对于高投资回报下的资产注入，特别是券商借壳上市、增发购买大股东的资产、增发类的房地产等资产注入的情况，一定要把眼睛擦亮，慎重再慎重。

因为，你很可能成为一个持有高价烧饼的路人。

卖烧饼的故事很好地解释了股市的本质是什么。我们可以这样理解股市，一方面，股市是一个公开、公正、公平的市场，投资者可以通过对企业的估值和市场趋势进行分析，做出理性的投资决策。另一方面，股市又是一个由主力投资者操控的市场，庄家利用信息不对称来操纵市场价格等手段，获取超额利润。

从历史和现实的角度来看，股市的本质是投资和投机的结合。在股票市场中，投资者可以通过购买股票、债券等投资工具，获得股息和红利收益，同时也可以通过股票交易赚取价差收益。而投机者则会利用市场波动和消息传递时间差等机会，进行短期交易和投机，快速获得利润。

股市的本质也与国家的经济政策和金融管制有关。在一些国家，股票市场被视为国家经济发展的重要组成部分，政府对股票市场的监管和管制较为严格，以此保护投资者的利益和稳定市场。而在另一些国家，股票市场相对自由放任，政府对其干预较少。

2. 上市公司不愿意股价上涨的原因

一般情况下，上市公司希望其股票价格上涨，有些公司会执行"市值管理"来提高市值，因为股价上涨可以证明公司实力更强。然而，有些公司在某些阶段却希望它们的股票价格维持在一个较低的水平，虽然这种情况是比较罕见的，但出现这种情况的原因是什么呢？

第一个原因是股权激励。

股权激励是指公司为鼓励员工积极工作、提高业绩，而视员工业绩表现来定期或不定期奖励股份的一种制度。其中，将股权激励与业绩指标相结合，是上市公司对管理层进行激励的一种手段。

为了更大程度地激发管理层的积极性，上市公司通常会采取两种方式来进行股权激励，其中一种方式是将管理人员与上市公司进行捆绑，制订员工、管理层或合伙人共同持股的计划，或由上市公司出资购买并建立专项投资计划。

另一种方式是上市公司首先利用现金回购股份，然后再将这些股份赠予或折价出售给需要激励的管理人员。

股权激励需要满足锁定期和经营指标两个条件，只有这两个条件同时达成后才能进行解锁。当持股计划的买入成本或回购股份的价格过高时，管理人员获得的激励收益就会较低。这就是一些上市公司不愿意股价上涨，或者不愿意股价上涨得过快的原因之一。

第二个原因是公司增发股份。

一家公司完成IPO上市，并不代表终结，而代表着起始。公司在成功上市后，即可获得持久的融资机会，可利用上市公司平台来筹集资金。上市公司募集资金的重要方式之一是增发股份，通常采用定向增发的方法向特定投资者发行新的股份。

上市公司想要实施定向增发，其发行价格将不得低于定价基准日前20个交易日公司股票均价的90%。根据《上市公司非公开发行股票实施细则》，确定股票发行的基准日可以为董事会决议公告日、股东大会决议公告日或发行期首日。

增发价格过高，可能会导致潜在的机构不愿意参与，进而使得增发活动失败，上市公司也就无法筹集足够的资金。

第三个原因是限售股未解禁。

限售股即限制销售的股份，一般分为三个部分：在公司IPO上市前获得的股份、在公司上市后通过参与增发股份获得的股份、在股权激励计划中获得的股份。

大多数情况下，股票会在涨跌之间循环，不会持续涨或跌。如果股票在某一阶段涨幅过大，则可能在接下来的时间里表现不佳。

即使进入了持续下跌的熊市，如果股价在限售股解禁前出现大涨，很可能会在限售股解禁后变为下跌，导致解禁的股份无法套现。

限售股的持有者通常是上市公司实际控制人、大股东，或者是高级管理人员，如董事、监事等。他们希望股份解禁时股价上涨，以便顺利套现，而不希望股份解禁前股价大涨。

因此，我们会发现有些股票长期表现不佳，但突然出现一波大涨，这往往是因为大股东的限售股解禁并发布了减持计划的公告。

⭐ **恒哥心得**

中国股市发展至今已有三十余年，这三十年来，中小散户占绝大多数。这主要是市场机制与法律法规不够完善、投资者的投资观念不够成熟、参与者的交易行为不够规范等因素造成的。

大部分股民如今都满身是"伤"，一而再、再而三地赔钱，他们羡慕发达国家的股票市场，对中国的股市有些恨铁不成钢。

抛开国家和投资者等结构上的差异不谈，欧美市场都有二百多年的历史，在各个领域都像一个稳定的中年人，而中国的市场更像一个初出茅庐、生机勃勃、情绪不定的少年。因此，只要再给中国股市多些时间、多些谅解、多些宽容、多些忍耐，中国股票市场就会绽放出灿烂的光彩，这将是中国今后社会与经济发展的必然产物。那么，在过去的三十多年里，中国的股票市场究竟存在着什么样的市场现象以及相应的规则呢？

第一，从根本上说，中国股票市场是一种政策市场，在短期内，经济政策会对股票市场产生较大的影响。

第二，中国股票市场与宏观经济之间存在着一定程度的非同步性，宏观经济对股票市场的影响存在一定程度的超前或滞后性。

第三，中国股票市场是一个以资金为本的股票市场，上涨的股票常常被真实的金钱所购买。

第四，中国股票市场在牛市上有过度张扬、在熊市上有过度压抑的倾向。

第五，中国股票市场充斥着各种小道消息，而大部分消息都是事先策划好的。

第六，中国股票市场注重的是结果而不是方法。在很长一段时间内，能够获得最大的利润的交易方式就是好的方式。一笔交易的正确与否，只有一个标准，那就是在一段时间里是不是获得了利润。

　　第七，中国的股票市场以个人投资者为主，其结果常常是盈利较低、亏损较大。

第3节　庄家

　　在炒股中，"庄家"是一个非常高频的词语，那什么是庄家呢？庄家是指拥有雄厚资金的投资者或拥有大量股票的机构，也就是说庄家可以操控某一只股票的走势和价格。庄家在操作一只股票时，对该股票的洗盘、挖掘、拉抬及消息的扩散，都是有计划、有组织的。

1."卖辣椒"与庄家

　　上面的说法或许有些抽象，有一个通俗易懂的故事可以帮助我们更好地理解股市背后的庄家是什么意思。

　　卖辣椒的人经常遇到的一个典型问题就是：你卖的辣椒辣吗？

　　这个问题很难直接回答，因为你不知道买辣椒的人想要的是辣还是不辣——如果说辣，买辣椒的人可能怕辣，马上就走了；如果说不辣，也许买辣椒的人喜欢吃辣的，就是冲着辣椒辣才买的，这样说也会流失掉一部分顾客。

　　我们来看看聪明的摊贩老张是怎么解决这个经典"难题"的。

老张拉了一车的辣椒在市场门口叫卖，叫卖声吸引了来往的行人，这时一位顾客走上前，他向老张抛出了那个经典的辣椒难题："你卖的辣椒辣吗？"只见老张非常肯定地对他说："颜色深的辣，颜色浅的不辣！"顾客相信了，挑了一堆颜色浅的辣椒满意地走了，接下来又来了一位顾客、两位顾客、三位顾客……一波顾客买完以后，老张发现车里剩下的都是深色的辣椒，原来这波顾客喜欢不辣的！那剩下的辣椒怎么办？有人说："把剩下的辣椒分成两堆，否则就很难卖出去。"

但老张笑着摇了摇头说："不需要。"原来他心里已经有了方法，这时又来了一位顾客，问他："你卖的辣椒辣吗？"老张看着自己的辣椒说："长的辣，短的不辣。"后面的顾客也都得到了这个答案，于是，长辣椒也很快就见底了。

这时，剩下的都是深色的短辣椒了。又来了顾客，老张用什么办法卖出呢？他告诉接下来的顾客："硬的辣，软的不辣！"

确实，一车辣椒在阳光下晒了半天，又被人挑挑拣拣，许多辣椒失去水分，变得松软……很快，老张就卖完了他所有的辣椒，收工回家了。

回到股票市场上，庄家或主力资金就像卖辣椒的老张一样，再不好也能卖出。他们将股票分类包装后卖给不同投资倾向的散户。他们会根据市场变化、投资者心理、政策变化等，对数千个多样的股票项目进行分类，并赋予主题，这时股民们就会蜂拥而至。

2. 中国股市的背后大"庄家"

我们都知道，在股票市场上，庄家和庄家之间，庄家和机构之间，庄家和游资之间，都是有竞争关系的，会相互"斗来斗去"，因此，作为一个坐庄的庄家，必须要有足够的实力才行！那么，中国股市的背后大"庄家"到底是谁？谁才真正具备足够的实力？

一些人认为，中国股市的大"庄家"主要是一些大型企业的高管或者大机构的投资者，他们有充足的资金和专业知识，通过掌握某些信息或控制一些机构来操纵股票价格。这些人通常利用短期资金进行快速买卖，以获取巨额利润为目的，而且往往会在短时间内大量买入或者卖出股票，导致股票价格波动较大。

另一些人则认为，中国股市的大"庄家"并不是单独一个人，而是联手操纵市场的一群人。这些人通常是通过联手买卖、对倒等手段，制造虚假交易和市场情绪，进而达到操纵股票价格的目的。他们往往会利用各种传言和市场情绪的变化，来影响股票价格的走势。

还有一些人认为，中国股市的大"庄家"可能并不存在，只是一种错误的说法。股票市场是由市场参与者自由竞争形成的，价格波动是由市场供求关系等因素决定的，不会被人为操纵。

在我看来，一只股票真正的庄家一般是以下三种人：

一是上市公司的高层或法人，他们的资金雄厚，投资额达数亿元甚至数十亿元。他们既然已经涉足股市，很有可能不满足于赚取一些投资收益，而是会选择加入庄家的行列中。

二是机构或专业投资公司，目前国内有多家大型企业集团设立了专门的投资运营机构。

三是股票的设计者，他们专门从事证券业务，股票发行由他们承销，他们消息最灵通，操作也最专业，最有可能获取利润。

3. 庄家吸筹

庄家吸筹，是指主力庄家为了在低位买入更多的股票，利用市场大众的投资心理，控制股票的价格，比如在关键位置，通过控制几个大户大量买入，人为制造股票的活跃气氛，引导散户买入，从而达到抬高股价的目的，或者通过对敲等其他手段来吸引散户买入，使得庄家轻松收集到更多的低位筹码。庄家吸筹一般经历三个阶段：隐蔽低吸、拉高建仓、打压吸货。

第一，隐蔽低吸。隐蔽低吸是指主力庄家在股票的价格较为低廉时，通过在市场上隐蔽地购买大量股票的方法，达到持续隐蔽地建仓的目的。庄家的这种低吸筹码的行为通常是为后续的拉升和出货做准备。

第二，拉高建仓。庄家在拉高建仓时，往往会利用各种手段来引导市场参与者的购买情绪，比如在关键位置大量买入，制造市场热点，或者通过对敲等手段来吸引散户的购买兴趣。

第三，打压吸货。当庄家完成拉高建仓之后，就会开始进行出货的操作。在这个过程中，庄家会通过不断地拉高股价，来吸引更多的市场参与者买入，从而完成出货的目标。

4. 庄家试盘

实际上，散户手中有多少筹码，庄家比谁都清楚，他只要去了解十大股东和机构一共掌握了多少流通筹码，再看看市面上还有多少流通筹码以及自己建仓花掉的筹码，就知道散户手中有多少筹码了。这是一个非常简单的加减法运算。那为什么有些庄家在操盘的过程中还要进行试盘呢？

简单来说，庄家试盘不是测试散户手中有多少筹码，而是测试有多少套牢筹码和获利盘筹码抛压有多重。可以举个例子来说明：

假设一只股票的十大股东共持有55%的股份，其他机构持有5%的股份，那么市场上流通的股份就有40%。

庄家自己建仓持有的比例是60%，其中有40%也就是总股份的16%原本是散户持有的，庄家未持有的40%也占总股份的16%，也全部是散户持有的筹码。

散户持有的16%股份中既包含前期的亏损股份，也包含后期的盈利股份。主力机构震仓操作的目的是要把持有者的盈利股份清洗出市场，随后利用股市行情反应的数据，来有针对性地调整他们的操作计划。

因此，庄家会在试盘阶段等待风平浪静的时刻，出其不意地将这只股的股价突然大幅拉升，然后再让其自然回落，以此来测试盘中的筹码抛售情况。

K线图表中，有一种叫作向上试盘的现象，它表现为在平静行情中，出现了一根长长的上影线，其目的就是测试盘中的抛压大小。

如果拉升时出现大量的抛盘涌出，说明庄家可以在较低的价位上开始打压并清洗浮筹。

如果在拉升股价时盘面上没有太多的抛盘，那就说明该股在当前价位以下的筹码锁定比较牢固。如果此时庄家还没有完成建仓任务，就需要考虑用更高的成本价格来拉高股价，以完成建仓任务。

在试盘的过程中，庄家必须知道除了自己手中的筹码外，其他筹码是集中在大户手中还是分散在小散户手中。

如果大户集中掌握了筹码，庄家会继续与他们竞争，尽全力破坏他们的股票持有计划，以避免在未来的股票上涨时出现意外情况。

庄家在试盘价格范围内，会考虑上档筹码的抛压程度和下档买盘的支撑能力，以了解可能会有多少筹码被卖出和被吸收，从而决定后续建仓的具体方案和措施。

⭐ 恒哥心得

有些股民被套牢了，怎么办？股市中经常会出现新的机会，当被套在股价趋势很弱的弱势股上时，较为迅速的解套方式是换股。这种解套方法主要适用于那些在盘整时间很长的一段时期内表现弱势，甚至在其他个股上涨时仍然下跌的个股上。

这种情况下进行股票调整，把持股调整到更有机会的个股上，如果调整得当，效果会事半功倍。

如果你不知道如何处理被套股，可以换一个思路：想象一下如果你现在没有持有这只股票，根据它现在的趋势形态和其他条件来判断，你会考虑买入吗？假设你手头有两只股票可供选择，但都未持有，你会选择其中哪一只？这样想过之后，如果还是不想持有，那就考虑换股吧。

但换股实际上也蕴含着风险，如果换股策略失误，就可能导致比不换股更严重的损失。在调整仓位和更换股票时，如果能够遵守以下几个原则，就能够避免造成不必要的损失。

第一，置换高的，保留低的。低位股相对于高位股来说，常常被低估，它们本身的价格也相对较低，下跌的幅度通常也比高位股小，而它们上涨的潜力则更大。一定要记住，低位股并不包含那种基本面出现问题而价格低廉的股票。

第二，留下强的，去掉弱的。强势股在大盘上涨时，其涨幅往往超过大盘；而在大盘下跌时，其跌幅通常较小，具有一定的抗跌性。弱势股则正好相反。

第三，保留流动性好的，同时替换掉那些流动性差的。如果流动性好，那么上涨的机会也就更大，因为这意味着有更多的人关注。流动性差则意味着关注度较低，未来何时能走出低迷无法预计，若稍有抛压可能造成大幅下跌。

第四，建议保留有潜力的概念股，卖掉概念已兑现的个股。股民经常追捧概念，但一旦概念得到验证，追高很可能变成被套，此时应当学会果断放弃，因为短时间内该概念已经失去了投资价值。概念还没有得到实现的个股则可以被留下。

> 第五，建议保留小盘股，卖出大盘股。相比于大盘股，小盘股更容易被炒作，主力炒作起来的成本也更小。小盘股的流动性较好，振幅较大，因此相对于大盘股而言，波段操作的机会更多些。主力通常会选择将两者结合运用。如果手中持有的是流动性较好的大盘股，那就不需要担心这个问题。

第4节　散户

在了解了股票、股市和庄家后，接下来要讲的就是千千万万个像你我一样的个人投资者——散户了。

1. 什么是散户

散户是指个人投资者。我国股票市场由散户和机构投资者组成，机构投资者是指专门进行证券投资的法人机构，机构投资者一般会引导市场或股价向某个方向发展，而散户则是个人希望在股票市场中通过买卖获得利润，相对来说，很少能引导市场或者股价。散户和机构投资者有着根本性的区别，一是两者的资金实力不同，机构投资者的资金实力强，来源广，数额大，而散户的资金实力弱，以个人资产为主；二是两者的能量也不同，机构投资者可以影响股票价格。不过，散户是构成股票市场的关键因素。

2. 散户与庄家

那么散户真的无法与庄家抗衡吗？是的！散户最赚钱的方式就是跟

着庄家，了解清楚庄家每一次出手的真实目的，跟上他的脚步，当他洗盘的时候，你就按兵不动；当他出货的时候你就赶紧跑，这样散户才能在庄家面前护住自己的利益。

庄家一般都是通过以下几个步骤进行股票操盘的。

第一，保证有足够的资金，通常是庄家自己的资金，当自己资金不够的时候会拆借资金。

第二，将资金换成筹码，即准备投资的股票的流通股（这是一个非常漫长的过程，通常出现在长期的横盘中）。

第三，小幅拉升使选中的股票获得更多资金关注，有利于后续股价继续上涨。

第四，洗盘，目的是洗掉股票中不坚定的筹码，从而减少未来拉升的阻力，同时庄家可以进一步吸收筹码。

第五，大幅拉升使得股价大幅上涨，使庄家自身收益最大化。

第六，出货时，庄家通常会做出诱人的K线形式，目的是寻找接盘人，尽快将手中的筹码全部换成资金。

3. 散户处于被动地位

众所周知，A股市场最大的弱点之一，就是只会做多。从这个角度出发，我们可以得出，庄家要赚到钱，一定要先把筹码累积到一定程度，再把筹码抬高价格，再把它卖出去。这套操作可以概括为：建仓、洗盘、突破、换手、出货。在这个过程中，作为参与者之一的散户，是如何一步一步被庄家吸引入局的呢？

我们知道，一轮典型的行情通常包括三个阶段：吸筹期、拉升期、派发期。

一般情况下，股民们更喜欢抄底，而非逃顶。事实上，逃顶要比抄底更加重要，如果不能及时逃离顶部，那么赚到的钱就会被套牢，甚至连割肉都会变成一件困难的事情。因此，对于股民来说，抓住主力发出的出货信号是非常有必要的。一般来说，主力的出货信号有以下几点。

第一，当一只股票的股价在一天之内暴涨到一个惊人的程度时，盘面上的波动就会变得更加剧烈，浮现的筹码也会变得更多，成交量也会达到一个新的峰值，这就意味着庄家已经控制不住自己的股价，要出货了。

第二，某只股票在被拉高之后，连续有好的消息传来，但其股价非但没有上涨，反而下跌，这就是庄家急切想要抛售的表现。

第三，一只个股的股价，从均线上看，下跌到五条或十条均线以下，再下跌到阴线以下，这是庄家利用散户抢反弹的心理，进行抛售的预兆。

第四，股价在庄家操纵下迅速拉出一个平台，然后慢慢下降，或者在均线上逗留很久，而交易量逐渐扩大，此为庄家使用均线系统进行派送。

第五，股价上涨的时间很短，交易量主要是以对倒盘为主，而下跌的交易量逐步扩大，表明庄家在出货。

第六，低于平均价格线的卖点。如果股价下跌到了平均线以下，就意味着这只股票近期的购买意愿已经大幅降低，而卖出的意愿却变得更加强烈，因此，在市场上，盈利盘和恐慌盘经常会出现跟风出逃的情况，在短时间内，股价将进入一个比较小的调整周期，此时应该及时卖出。

第七，跌破前期高点的卖点。过去的高位往往是一个重要的支撑点，若股票跌破过去的高位，则代表着其中一个防御关口已被击穿，未来有很大的可能会再跌。

第八，卖点的分时线偏离了平均。从技术上来说，股票在前期总体上有很大的升幅，尽管分时线迅速上升，但是平均线却没有跟上，而且缺少成交量的配合，所以这种升势反倒是一个不错的时机，可以适时卖出。

⭐ 恒哥心得

在股票市场中，有些人在短期内赚了钱后，尽管表面上看起来志得意满，实际上却虚弱不安、眼神迷茫，对未来缺乏信心；也有一些人，尽管阶段性表现不佳，但思维清晰，目标明确，言语矜持。

要想在股市中赚到钱，或者说想长期赚到钱，就要有明确的目标，并了解自己的目标，知道自己属于什么类型的投资者。

在股票交易中，并不是有技巧就能成功的，成功的投资者往往是那些不断学习、不断反思、不断总结经验的人。因此，你能做的就是利用自己学到知识和从别人或自己的错误中得到的教训，尽可能地规避各种各样的风险。一个真正成功的投资者必须能采用灵活的方法和策略，以及能适应不断变化的市场。

交易中没有捷径，投资是一个漫长的过程，投资者在投资的路上可能会遇到难以想象的困难，有些人甚至终其一生都无法到达理想的彼岸。

不要让亏损影响你，只要有生存的机会，就要紧紧抓住它。因为炒股本身就是一场生存的游戏，也是一种生存的技能。

第5节　K线图

K线（Candlestick Chart）是一种在股票、期货和其他金融市场中广泛使用的技术分析工具，用于表示一段时间内的价格变动情况。K线图由实体部分（烛身）和上下影线组成，通常以红色或绿色表示开盘价和收盘价之间的涨跌幅度。

K线图的起源可以追溯到17世纪日本的长崎，当时它被用来记录米市的价格。后来，K线图逐渐被应用于其他金融市场，如股票、期货和外汇市场。

1. K线图的作用

在股票市场中，K线图可以帮助投资者分析价格走势和预测未来趋势。例如，如果一个股票的收盘价高于开盘价，那么实体部分就会是红色的；相反，如果收盘价低于开盘价，实体部分就会是绿色的。实体部分的长度反映了价格波动的幅度，而上下影线则可以帮助投资者判断市场的买卖力量。

K线图经常被用于股票市场、期货市场和其他金融市场。例如，在期货市场中，K线图可以用来显示每个合约的开盘价、收盘价、最高价和最低价。这些信息可以帮助交易者做出更明智的投资决策。除了作为技术分析工具外，K线图还有一些其他的用途。例如，它可以被用来显示某个资产的日线、周线或月线的走势情况。这种用法通常被称为"K线图周期"。

K线图的另一个常见的用途是，与其他技术指标一起使用，以获得更全面的市场分析。例如，交易者可以使用移动平均线来平滑价格变动，并将其与K线图结合使用，以确定趋势的变化方向和力度。另外，相对强弱指数（RSI）也可以与K线图一起使用，以帮助交易者确定买入和卖出的时机。

除了在金融市场上使用外，K线图也被广泛应用于其他领域。例如，在艺术品市场上，K线图可以用来显示一幅画作的价格走势；在房地产市场上，K线图可以用来显示某个地区的房价走势；在体育比赛中，K线图可以用来显示比分和得分的变化情况。

K线图是一种非常有用的技术分析工具，可以在许多不同的领域中使用。无论是在金融市场上还是其他领域中，K线图都可以帮助人们分析价格走势和预测未来趋势，帮助人们更好地理解价格变动的情况，并做出更明智的决策。无论是在股票市场还是其他金融市场中，K线图都是投资者不可或缺的工具之一。

2.K线图的特点

概括来说，K线图有以下几个特点。

第一，直观易懂。K线图是一种图形化的工具，可以直观地显示价格变动的情况。通过观察实体部分、上影线和下影线等元素，投资者可以快速了解价格的涨跌情况，并做出相应的投资决策。

第二，反映时间段内的价格变动。K线图反映了一段时间内的价格变动情况，可以帮助投资者分析价格趋势和预测未来走势。例如，在一个小时或一天的K线图中，实体部分通常表示开盘价和收盘价之间的涨跌幅度，上下影线则可以反映市场的买卖力量。

第三，可以用于多种市场。K线图不仅适用于股票市场，还可以应用于期货市场、外汇市场、商品市场等各种金融市场。不同市场的K线图可能存在一些差异，但基本原理是相同的。

第四，可以与其他技术指标结合使用。K线图不仅可以单独使用，还可以与其他技术指标结合使用，以获得更全面的市场分析。例如，移动平均线、相对强弱指数（RSI）等指标都可以与K线图结合使用，以帮助交易者确定买入和卖出的时机。

3. 常见K线形态

K线是股票中一个非常重要的概念，而K线形态则是比K线更高一个维度的概念。学好K线形态，可以让你超过至少七成的同伴，实现"降维打击"的效果。K线形态种类繁多，其中细节十分复杂。下面是一些常见的K线形态。

第一，头肩底形态。

头肩底形态通常意味着股票将出现大幅度的行情波动。在遇到这种K线形态时，我们需要提高警惕，尽可能地把握住机会，从而获得更多的利润。

通常情况下，在长期调整的漫长过程中，量能会逐渐变小，而筹码则会相对稳定。之后，K线的起伏就会像波浪一样，一次比一次高，量能也会逐渐变得充足（如图1-1所示）。

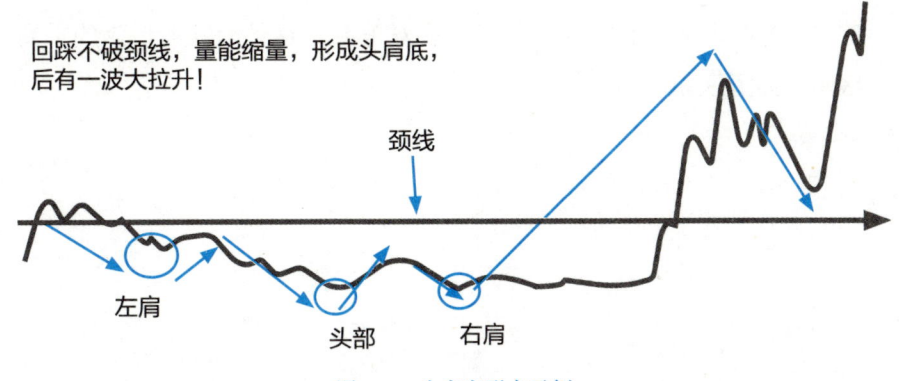

图1-1 头肩底形态示例

第二,小荷才露尖尖角形态。

如果几根K线偶然突破了均线并站在均线上方,我们就可以继续观察。如果第二次站上均线时,幅度明显增大并且超过了均线很多;而第三次则是站在均线上并持续了相当长的时间;之后多头排列时,第四次的出现标志着前三次的特点都已经出现了,并且随着这波行情的开启,小荷才露尖尖角形态即将呈现(如图1-2所示)。

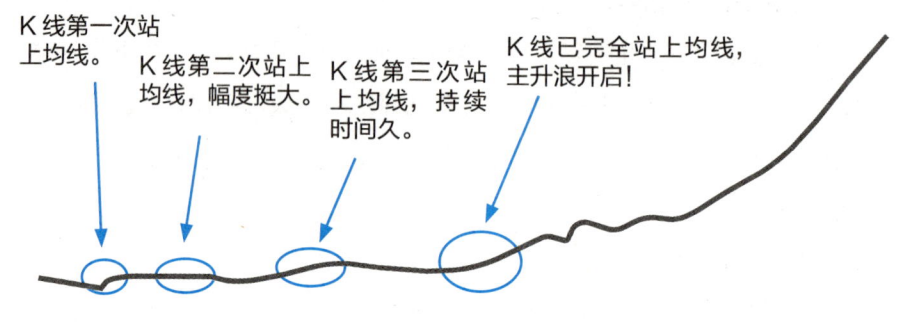

图1-2 小荷才露尖尖角形态示例

用这种方法判断行情和价值投资有异曲同工之妙,优点在于成本低廉,能让利润运转时间长且稳定复利。

第三,V形反转。

V形的反转已经在下面的K线图上展现得非常明显,但需要注意的是,V形的斜率非常大,且形态相对笔直,这是与其他形态的重要区别(如图1-3所示)。

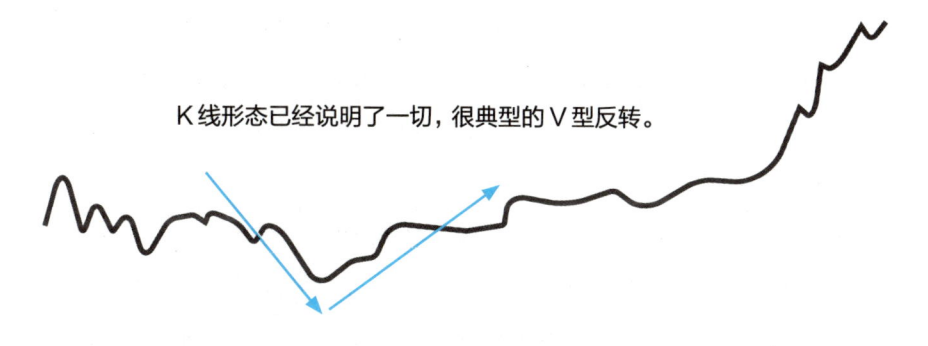

K线形态已经说明了一切,很典型的V型反转。

图 1-3 V形反转示例

为了抓住V形反转的运动趋势,我们需要深刻理解其技术面特征,更需要提高心理层面的认知水平,因为其走势更凌厉,更具力度。

第四,股价突破下跌趋势线。

股价突破下跌趋势线的话,通常表示行情下跌趋势已经结束,因为继续做空股票的动力已经减弱(如图1-4所示)。

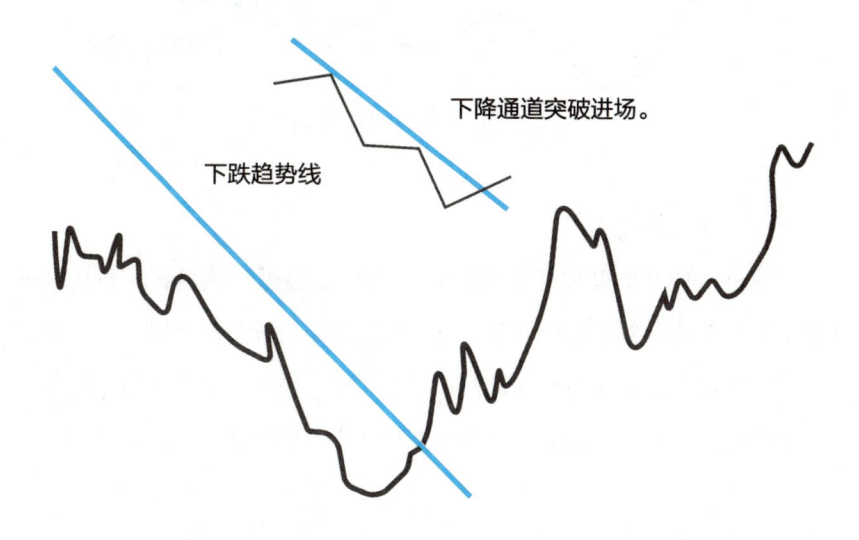

下降通道突破进场。

下跌趋势线

图 1-4 股价突破下跌趋势线示例

股价突破下跌趋势线时，如果5日、10日、20日的三条均线交替形成了金叉信号，可以在轻仓进场后，利用超跌反弹行情进行操作；然后在股价达到倒V形颈线压力位时，及时离场以获得预期目标。

第五，W底或三底形态。

W底或三底形态往往会出现在股价长期下跌后的底部区域，此时若是股价放量突破底部高点且未回踩破位，则可作为进场点。这种形态通常意味着股价已经构建了稳固的底部，未来可能会出现一波拉升，而且比其他形态相对更安全（如图1-5所示）。

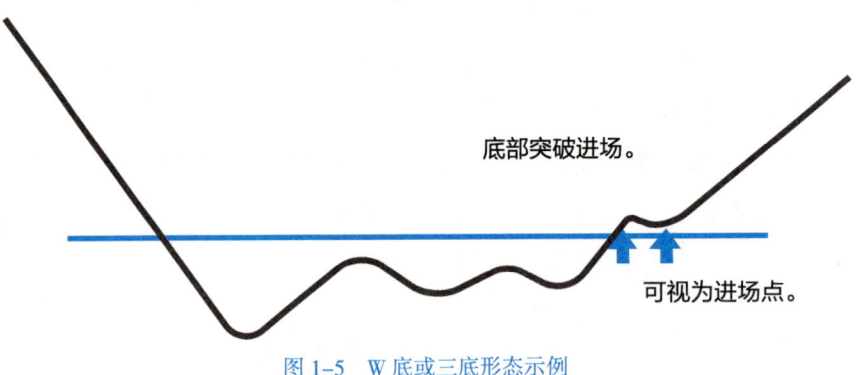

图 1-5　W底或三底形态示例

第六，M头形态。

当股价在拉升的初段或中段时，主力往往会进行洗盘，一种比较典型的表现形式是M头形态的出现。当股价突破M头股价高点时，就意味着进场的时机到来了（如图1-6所示）。接下来，往往会延续上涨的趋势，但是在后期，需要结合高位见顶信号来判断出场的时机。

突破前高进场。

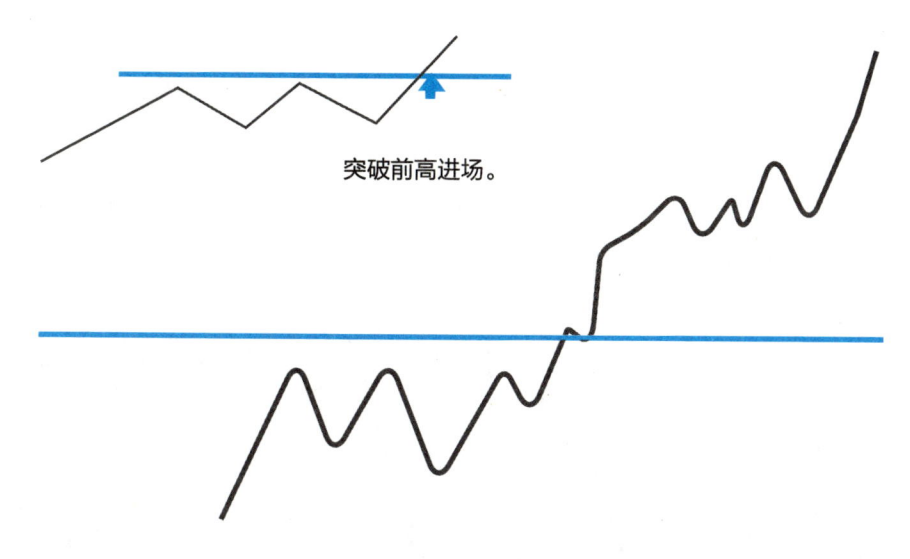

图 1-6 M 头形态示例

第七，箱体震荡形态。

箱体震荡的形态在股价趋势上涨或下跌时都会出现。但为了降低风险，最好只参与上涨趋势中的箱体震荡。每当股价跌至箱体下沿时买入，震荡至上沿时卖出，若股价放量突破箱体上沿，股价通常会进入加速上涨周期，此时可以加仓（如图1-7所示）。

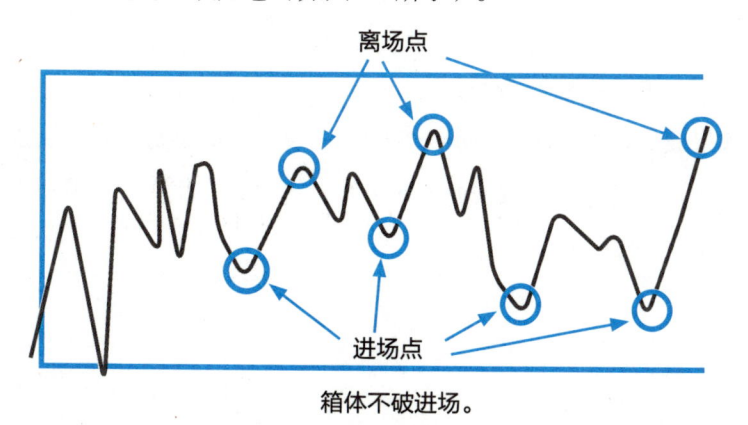

离场点

进场点

箱体不破进场。

图 1-7 箱体震荡形态示例

第八，大阳线不破。

如果股价在上升过程中出现一根大阳线，然后交易量逐渐减少，但股价仍然没有跌破前一大阳线的实体，这通常意味着主力投资者在进行洗盘行为（如图1-8所示）。在这种情况下，投资者可以注意一些指示股票达到底部的信号，如地量和十字星等，然后进场操作。

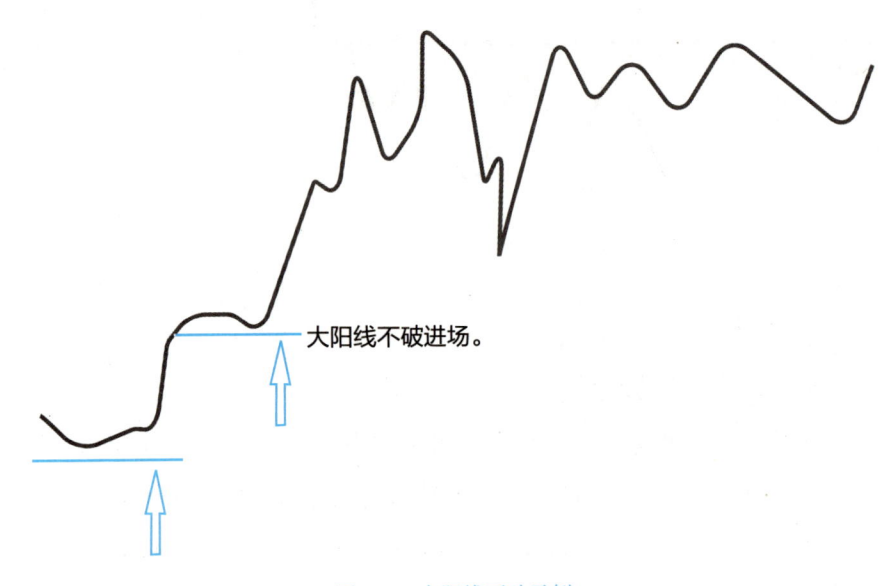

图1-8 大阳线不破示例

第九，倾斜45度上升趋势。

如果股价在上升时呈现出一个倾斜45度上升的趋势，就可以进行多次波段操作。在每次回撤到通道线下轨时进场，在每次接近通道上轨时离场（如图1-9所示）。

呈45度角上升趋势。

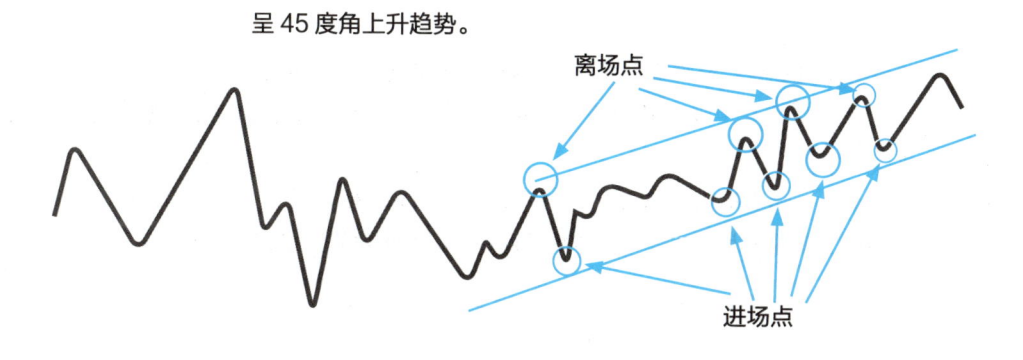

图1-9 倾斜45度上升趋势示例

⭐ 恒哥心得

如果没有良好的心理素质和资金保护意识，那么你很难在股市中生存下来，更别提有稳定的收入了。

在投资市场上，能够长久而持续地获得成功的人，都是理性的、冷静的、情绪稳定的人。也只有这样的人，才能在漫长的时间里，获得更多、更好、更卓越的投资成绩。

我们要树立学习股票知识的意识，不要觉得股票知识高深莫测，而自己的学历不高就学不会。任何人经过学习都可以建立起一套自己的交易系统。

没有一家公司可以独占全部的市场，当公司的业务与我们的需求不符时，一定要坚守自己的原则，耐心地等候时机。许多人都有自己的盈利资讯系统，但是当最基本的问题无法解决时，就会对这个系统产生怀疑，并且对自己设计的交易系统信心不足。

这就是为什么在股票投资领域有一句很有名的箴言："不但要有一个交易体系，还要有一个信念体系。"人的精神与能力的进步成长，正如企业的发展和壮大一样，都是靠意志与信仰来支持的。

人们通常将成功的交易归结于交易当事人的聪明才智和努力工作，但

> 这显然是不够的。对投资人来说，信心是影响其成功与否的关键因素。
>
> 有信心的人，甚至使用最简单的交易系统，都可以获得令人惊奇的成绩。
>
> 多疑、懦弱的人，通常什么也不会做。一个人能取得多大的成绩，往往取决于他有多大的信心。要想取得成功，一个先决条件就是要有信心。

第6节 均线

在股票中，K线中的四条均线是需要每一位股民瞪大眼睛盯住的，这四条均线分别是5日均线（白线）、10日均线（黄线）、20日均线（紫线）和60日均线（绿线），它们分别表示不同周期的价格平均线。投资者可以参考这四条均线来判断股票价格的趋势走向、支撑压力点、买卖信号点等，也可以同时参考其他技术指标。

1. 什么是四条均线

（1）5日均线：这是一个短期均线，可以反映出较短时间内的股价走势变化，对于短线交易者而言具有重要意义。如果是短线操作的投资者，一般会把5日均线作为参考指标。很多人也把5日均线称为强势股生命线。股价持续在5日均线上就看多，收盘不破就可以一直持有，一旦跌破就要减仓或者清仓。

在参考5日均线时，要注意以下几点。

第一，注意均线的变化。由于5日均线是较短期的均线，因此会快速反应股票价格的波动。在参考5日均线时，投资者应密切关注均线的变化情况，以便更好地把握股票价格的短期趋势。

第二，和其他均线配合使用。5日均线一般用于参考短期趋势，如果和其他均线配合使用，比如20日均线或60日均线，就可以更准确地判断股票价格的走势。

第三，结合技术指标使用。使用5日均线时，可以结合一些技术指标，如相对强弱指标（RSI）、移动平均收敛或发散指标（MACD），进行更全面准确的分析，以便更好地把握市场趋势。

第四，考虑市场风险。股票市场风险是存在的，在使用5日均线时，投资者不应将其作为独立的决策依据，而应结合其他因素，如基本面和市场情绪等，全面分析股票，选择合适的投资策略。

（2）10日均线：这也是一个较短期的均线，但其反映了较长时间的股价走势，对于中短期交易者而言也比较重要。10日均线是做波段的重要参考指标，是空多双方力量强弱或市场强弱的分界线。股价位于10日均线上，说明多方力量强于空方力量，以看多为主；但如果股价位于10日均线下，说明空方更占据优势，以看空为主。

在使用10日均线时，要以下几点。

第一，考虑行情。10日均线只是一种参考工具而已，在行情快速变化的情况下，10日均线可能会出现比较大的误差。

第二，多周期分析。在使用10日均线的时候，投资者应该结合多周期分析，即分析不同时间的均线走势，比较不同均线对股价的影响，以更好地把握行情。

第三，结合其他指标。10日均线只是一个技术指标，投资者应该结合其他指标进行分析，在多种指标的共同参考下，更好地把握股票走势。

第四，及时修正。如果10日均线出现了较大的误差，投资者应该及时修正，不要盲目参考均线，要根据市场情况进行判断。

（3）20日均线：这是一个中期均线，其反映的是股价的主要趋势方向，长线交易者一般会将其作为重要指标之一。20日均线具体代表的是最近20个交易日的平均收盘价格，反映了股票在最近20天的平均成本。20日均线是一个中期趋势的指标，比较适合用于长期投资和趋势跟踪。与10日均线不同，20日均线的变化比较平缓，也被称为"万能线"或"虚拟线"。20日均线对股价的波动有很高的参考价值，可以帮助投资者判断市场的趋势和股价的中期走势。

在使用20日均线时，投资者需要注意以下几点。

第一，20日均线的变化方向是判断趋势的重要标准之一。如果20日均线走势向上，而股价却走势向下，则可能意味着市场处于下跌趋势；如果20日均线走势向下，而股价却走势向上，则可能意味着市场处于上升趋势。

第二，20日均线的相对位置也很重要。如果股价在20日均线之上，而且20日均线保持上升趋势，那么这可能是一个买入机会；如果股价在20日均线之下，而且20日均线保持下跌趋势，那么这可能是一个卖出机会。

第三，需要注意20日均线的波动性。20日均线的波动相对较小，如果股价波动剧烈，那么可能会影响到20日均线的趋势性，导致判断失误。

第四，需要注意市场整体环境。如果市场整体环境不好，那么即使个股表现良好，股价也可能会受到影响，导致投资者判断失误。

（4）60日均线：这是一个长期均线，其趋势反映了较长时间内的价格走势，对于长线交易者而言通常也非常重要，可以给出更长期的参考。60日均线又被称为季度线，是中长线的保护线，起到揭示主力成本和动向的作用。通过观察60日均线，我们可以判断机构是否有进场，如果60日均线方向朝上，说明主力建仓完毕，即将开始拉升；如果60日均线方向朝下，则代表主力出货完毕，个股即将下跌。

使用60日均线时，投资者需要注意以下几点。

第一，60日均线的变化方向是判断趋势的重要标准之一。如果60日均线走势向上，而股价走势却向下，则可能意味着市场处于下跌趋势；如果60日均线走势向下，而股价走势却向上，则可能意味着市场处于上升趋势。

第二，60日均线的相对位置也很重要。如果股价在60日均线之上，而且60日均线保持上升趋势，那么这可能是一个买入机会；如果股价在60日均线之下，而且60日均线保持下跌趋势，那么这可能是一个卖出机会。

第三，需要注意60日均线的波动性。60日均线的波动相对较小，如果股价波动剧烈，那么可能会影响到60日均线的趋势性，导致判断失误。

2. 股市自然循环

股市和大自然一样，有自己的循环路径，在股市中，其自然循环是这样的：冬藏（下跌）—春种（筑底）—夏长（拉升）—秋收（做顶）。

股市的冬季，也就是下跌的时期，是一个漫长的过程。投资者们失去了信心，股价一路下跌，让人们感到沮丧和失落。然而，这个冬季也是一个思考和调整的时期。许多投资者在这个时候会开始重新审视自己的投资策略，调整自己的心态，以便更好地面对未来的挑战。

当春天来临时，股市开始逐渐复苏。投资者们开始重新找回信心，股价开始逐渐上涨。这个时候，一些有远见的投资者开始行动，他们看到了股市的潜力，开始买入股票，并且坚信这只股票会有更好的表现。

随着时间的推移，股市开始进入夏季，这个时候股价开始逐渐拉升。一些投资者开始感到兴奋和贪婪，他们认为手里这只股票已经到了最高点，便开始卖出股票。但是，一些聪明的投资者却在这个时候买入了更多的股票，他们认为这只股票会创新高。

秋天来临时，股市已经接近尾声。许多投资者已经开始感到失望和沮丧，他们认为自己已经失去了机会。但是，一些有经验的投资者却不这么认为，他们已经意识到，这个市场虽然不确定性很大，但是也有很多机会。这些有经验的投资者开始耐心等待，并且寻找那些被市场低估的股票，最终，他们成功地获得了巨大的收益，让人们惊叹不已。

3. 四条均线的使用技巧

第一，股价短期趋势可以通过5日和10日的均线表现来观察判断。股票价格稍微波动时，5日和10日均线将继续出现黄金交叉或死亡交叉信号。有些黄金交叉没有底部意义，而个别死亡交叉则具有顶部意义。股票价格的很多波动只能被视为间歇性波动，需要引入代表长期趋势的60日均线，以区分含有底部意义的黄金交叉和含有顶部意义的死亡交叉。

第二，由于60日均线变化缓慢，单独使用其作为长期趋势的指标时，很难灵敏地捕捉股价的顶部和底部趋势。

第三，当5日和10日均线相互交叉向上时，意味着以10日均线为准买入的投资者已经赚到一些钱，这将吸引更多短线投资者进入市场。如果在这种情况下，60日平均线形成底部信号，那么采用60日平均线买入的投资者将获得收益，此时适合吸引长线投资者入市。

4. 月线、周线、日线

月线趋势很容易判断，如果将底部连接后形成斜向上的线条，那么它就处于上涨趋势（如图1-10所示）。而月线的趋势通常很难改变，这是一个基本事实。月线级别的趋势决定了我们是否能够入市买入。在月线级别中，反转位通常在进行长时间的大幅波动或缩量并振幅变小的"刹车"后才会出现。因此，月线趋势是我们的买入决策的主要参考。

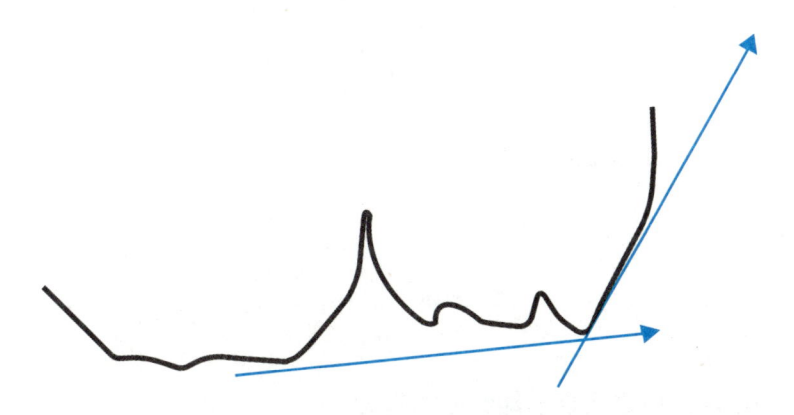

图1-10　月线上涨趋势示例

周线上某些关键点位破位或出现反转形态（如M头、W底）时，会直接影响月线的趋势方向，使其发生改变，因此看中期的趋势时，周线是非常关键的参考（如图1-11所示）。

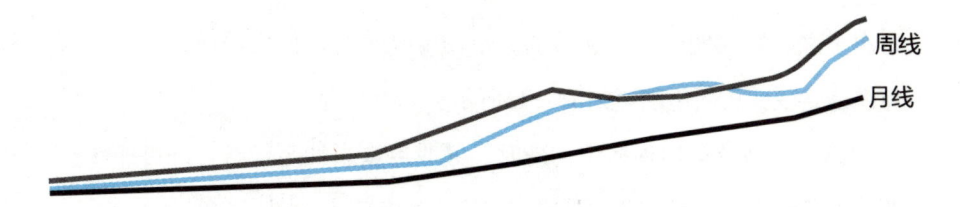

图1-11　周线反转形态示例

在确认了月线和周线都是向上后，可以开始使用日线来确定具体的买入点位，其中最简单的策略是在趋势线上的阴线处买入，或者把突破、回踩关键点位作为买入时机，然后在一个高点处卖出（如图1-12所示）。

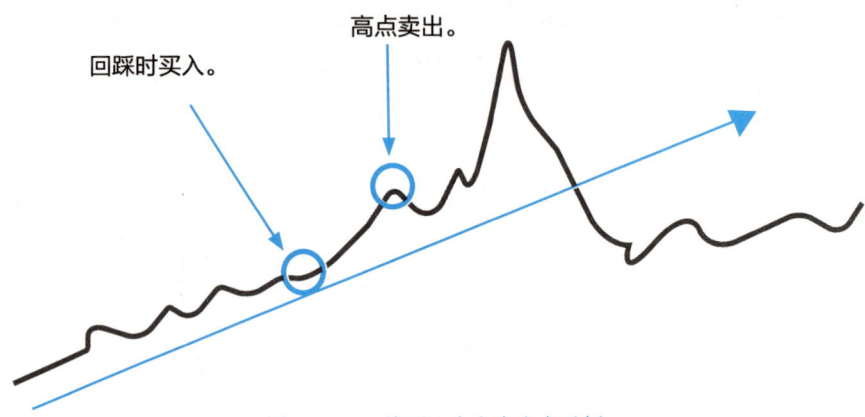

回踩时买入。

高点卖出。

图1-12 日线买入点和卖出点示例

5. 永远只重仓自己能看懂的趋势

第一，不要在下跌趋势时买入。即使股价在下跌过程中不断震荡，对我们来说也是虚幻的。我们唯一的选择就是看空，不要对处于下跌趋势中的个股抱有太大希望，即使是之前的龙头股，一旦下跌趋势确立，谁也不知道跌势的尽头在哪里。

第二，若一只股票处于下跌趋势，在震荡一次后股价没有创新低就再次上涨，则表明空头力量减弱，市场暂时平衡，但仍需谨慎购买，以免震荡结束后重新下跌（如图1-13所示）。

第三，当个股出现多空均衡时，其股价未来的走势有三种可能性，即向上、向下或横盘震荡，需要牢记这三种走势（如图1-14所示）。

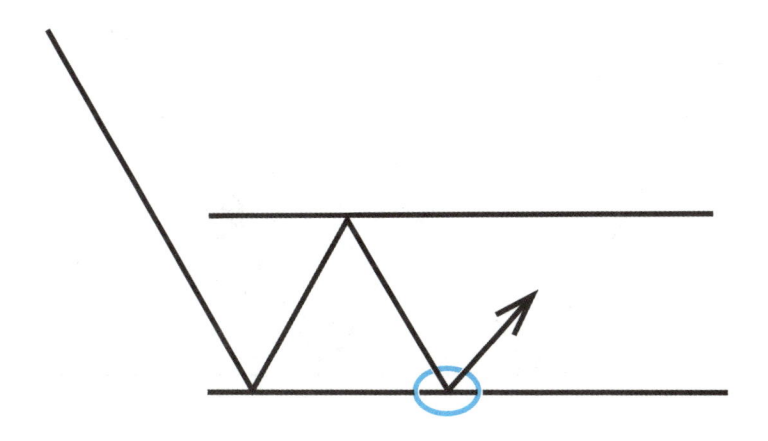

图1-13 下跌趋势震荡后未创新低示意图

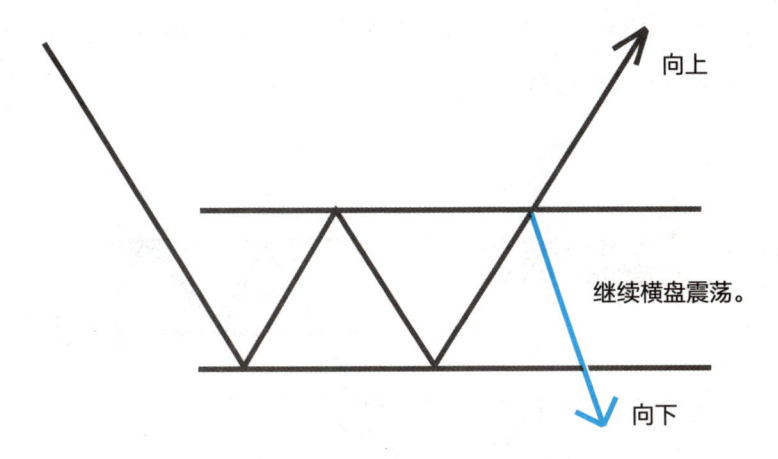

图 1-14 多空均衡时的三种未来走势

第四，上述第一种走势可能性是股价向上突破，表示多头开始反转空头趋势并结束调整状态（如图1-15所示）。对于敏感的操作者来说，在个股出现突破的瞬间应进场做多，买入个股。

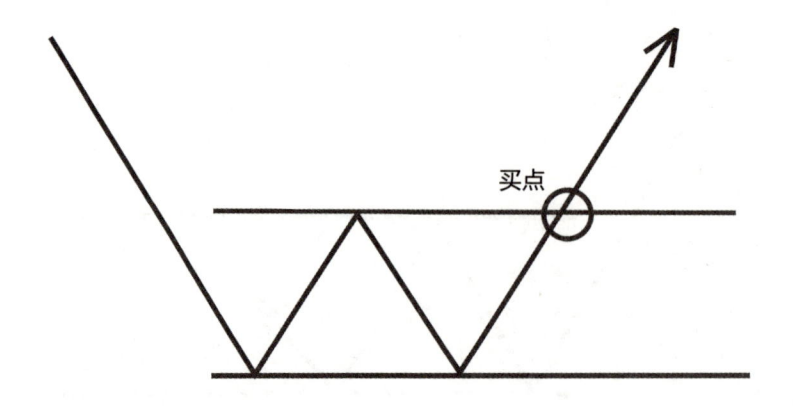

图 1-15 多空均衡后向上突破示意图

第五，如果股价在某一天无法突破明显的阻力并且不再创出新高，那么我们的操作就应该是获利了结以出局（如图1-16所示）。标记3表示减少持仓是明智的选择，而标记4则意味着需要将全部持仓清空以避免损失。

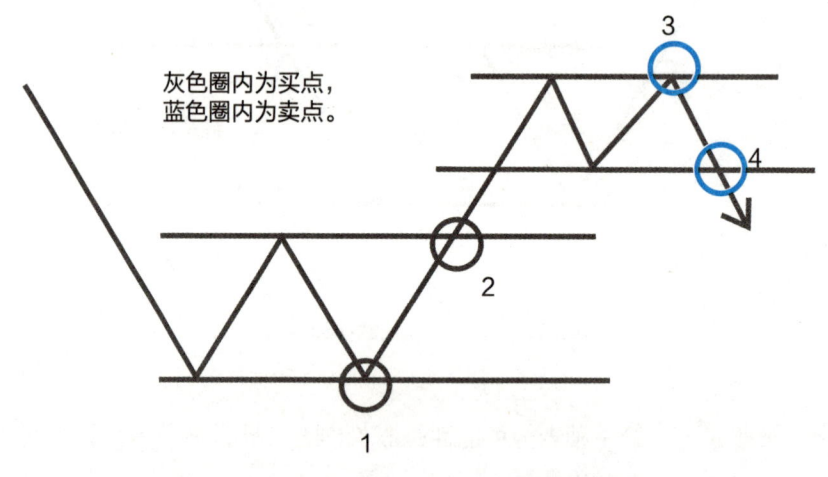

灰色圈内为买点，
蓝色圈内为卖点。

图 1-16 股价不再创新高示意图

第六，调整后的第二种可能性是，一只股票在支撑线附近继续横盘震荡（如图1-17所示），此时可以用小仓位操作，在支撑线和压力线的帮助下进行低买高卖，并维持在箱体内进行操作。这种操作往往利润较低，且存在市场选择方向后操作失误的风险。

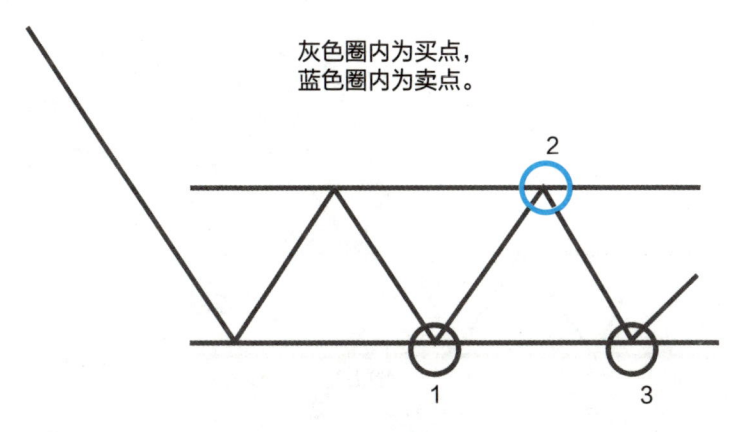

图 1-17 调整后横盘震荡示意图

第七，调整后的第三种可能性是，多空平衡时空头仍在集结实力，因此后续股价可能会继续下跌，在跌破支撑线的时候，应该毫不犹豫地卖出（图1-18所示）。

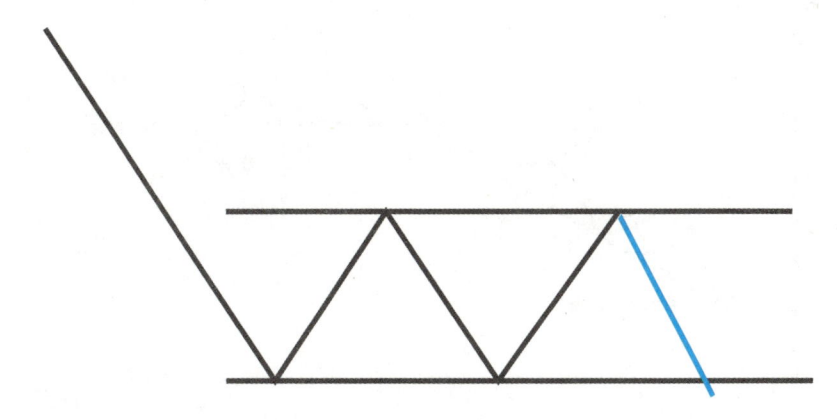

图 1-18 调整后继续下跌示意图

第八，若市场尚未显现明确的走向，建议避免过度的仓位交易和频繁的箱体操作，因为这容易使成本上升且难以掌握。对于空仓者，如果还没有确定趋势，则应耐心等待（如图1-19所示）。

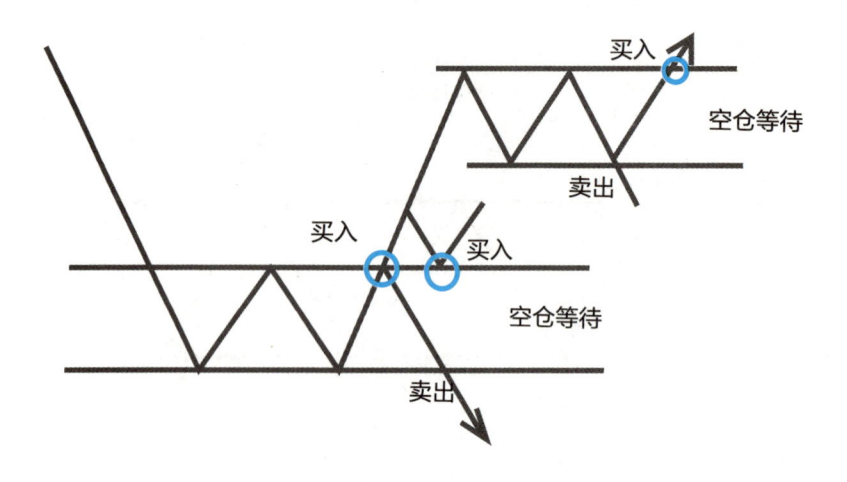

图 1-19　走向不明空仓等待示意图

第九，以下是两个经典的卖点和买点（如图1-20和图1-21所示）。

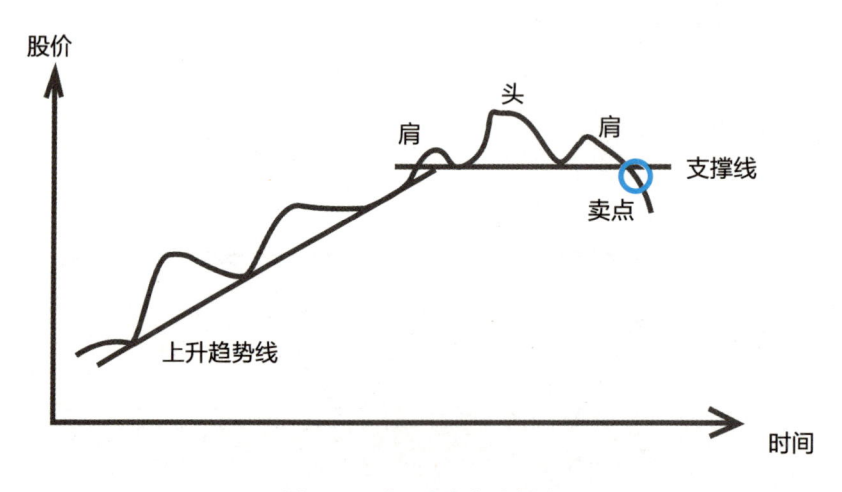

图 1-20　头、肩卖点示意图

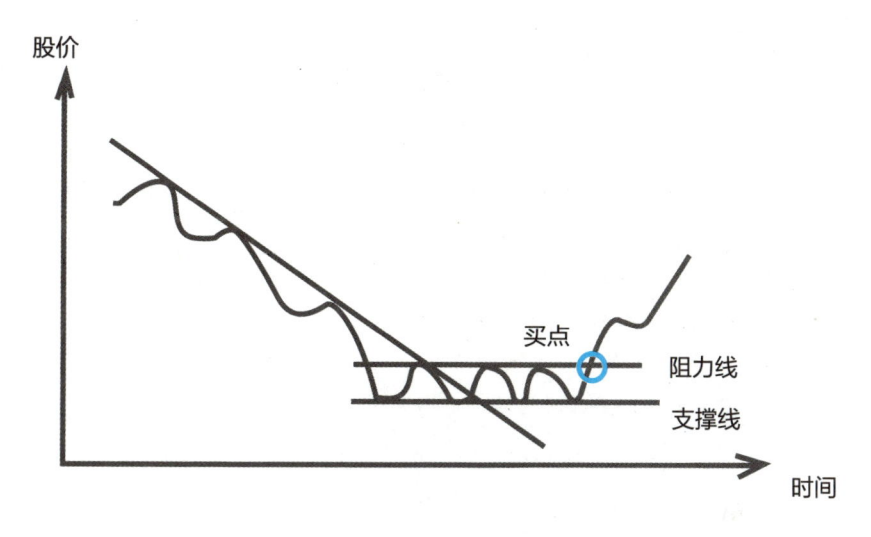

图 1-21　突破阻力线买点示意图

综合来看，正确的买卖选择可以在下图中看到（如图1-22所示），其中标记5代表合适的卖点或减仓点，而其他标记表示合适的买点。这张图涵盖了个股从底部到拉升再到顶部，最后下跌的四个环节。

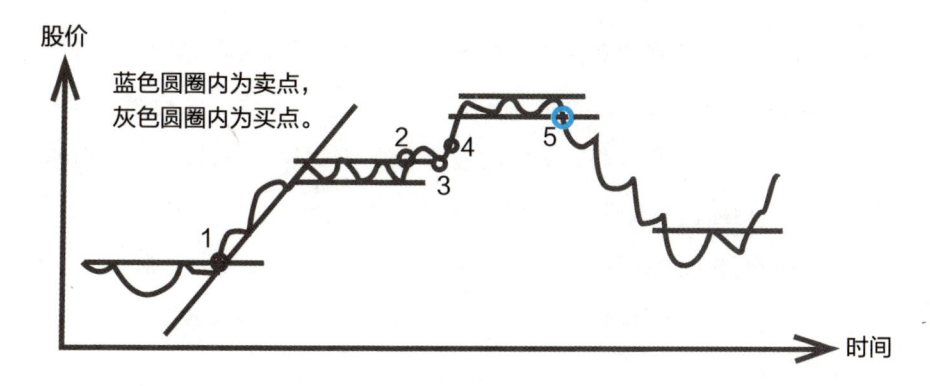

图 1-22　个股价格变化的四个环节

> ⭐ **恒哥心得**
>
> 第一，大部分投资者更倾向于仅投资处于上升趋势的个股。
>
> 第二，如果个股的上升趋势被破坏，应该及时减仓，以避免遭受杀跌风险。
>
> 第三，当个股出现调整时，需要考虑到各种可能性并且根据个股情况制订交易计划，在遇到信号时果断执行。
>
> 第四，个股一直处于下跌趋势时，不应轻易抄底，以防下跌继续进行，后续可能会面临更长时间的下跌期。

第7节 MACD指标

MACD是股票软件必备的一个技术指标，也是最经典的指标之一，它能明显展现股市趋势，因此非常实用可靠，被广大投资者称作"指标之王"。MACD是股民需要掌握的最重要的一项技术指标，如果只能掌握一种技术指标，那么股民应该把MACD作为首选。

1. 什么是MACD

MACD是一种技术分析工具，全称为移动平均线收敛/发散指标（Moving Average Convergence/Divergence）。它由快速移动平均线和慢速移动平均线之间的差异以及两条线的黄金交叉和死亡交叉组成。

具体来说，MACD由以下几个部分组成。

快速移动平均线（EMA12）：通常采用12天的EMA，用于计算较短时间内的价格变化。

慢速移动平均线（EMA26）：通常采用26天的EMA，用于计算较长时间内的价格变化。

两条EMA之间的差异：当短期EMA高于长期EMA时，MACD会呈现上升的趋势；当短期EMA低于长期EMA时，MACD会呈现下降的趋势。

MACD柱状图：快速移动平均线与慢速移动平均线的差异所形成的直方图，它的长度和颜色取决于MACD值的大小。

MACD线：快速移动平均线减去慢速移动平均线的值，它的颜色通常是白色或黄色，表示股票价格的趋势。

MACD可以用来判断股票价格的趋势和买卖信号。当MACD线向上突破信号线时，出现黄金交叉（金叉），预示着股票价格可能会上涨；当MACD线向下突破信号线时，出现死亡交叉（死叉），预示着股票价格可能会下跌。

2. 金叉和死叉

金叉和死叉是股票分析中常用的技术指标，用于判断股票价格趋势的转折点。金叉是指短期移动平均线（如10日或20日EMA）向上穿过长期移动平均线（如50日或100日EMA）的情况。这意味着股票的短期价格走势高于长期价格走势，预示着股票价格可能会继续上涨。因此，金叉通常被视为买入信号。死叉则是指短期移动平均线向下穿过长期移动平均线的情况。这意味着股票的短期价格走势低于长期价格走势，预示着股票价格可能会继续下跌。因此，死叉通常被视为卖出信号。

3.DIF 和 DEA

DIF和DEA也是股票分析中常用的指标，它们是MACD指标中的两个组成部分。DIF全称为差离值（Difference Index），它是指快速移动平均线与慢速移动平均线之间的差异。具体来说，DIF的计算公式为：

DIF＝短期EMA－长期EMA

DEA全称为动态指数平均线（Dynamic Exponential Average），它是DIF的9日加权平均值。具体来说，DEA的计算公式为：

DEA＝9×DIF÷{9×[1＋pow（DIF，2）]}

其中，pow函数表示求幂运算，用来计算DIF的平方。

DIF和DEA可以用来判断股票价格的趋势和买卖信号。当DIF由下向上突破DEA时，出现黄金交叉，预示着股票价格可能会上涨；当DIF由上向下突破DEA时，出现死亡交叉，预示着股票价格可能会下跌。此外，DIF和DEA还可以用来确定股票价格的超买超卖状态。

通常来说，对于MACD指标的评估主要是根据快线DIF、慢线DEA和MACD红、绿柱线的状态以及它们的形态来进行的。

在股市实践中，分析股票市场的方法主要包括对DIF和DEA指标以及它们的位置进行分析，观察DIF和DEA的交叉情况，了解红柱状的缩放情况，同时也需要关注MACD图形的形态等方面的信息。

当DIF和DEA同时位于0轴上方且向上运动时，这意味着股票正在经历多头市场，可以选择介入或持有股票。

当DIF和DEA同时位于0轴上方并向下运动时，表明股票价格正在经历回调整理阶段，这时候应该考虑离场观望。

当DIF和DEA同时低于0轴并向上移动时，这表示股票正在上涨，投资者可以选择介入或持有股票。

当DIF和DEA同时位于0轴下方且呈下降趋势时,这意味着股票价格处于空头市场,建议退出并观望。

当DIF和DEA都在0轴上方时,若DIF向上突破DEA,则表示股票进入强势多头行情,预示着股价将再次上涨,此时可考虑加仓或继续持有股票等待上涨。这是MACD指标的黄金交叉的第一种形式。

当DIF与DEA都在0轴下方,并且DIF向上突破DEA时,这表明股票即将转为强势,股价将不再下跌而有可能上涨,因此可以选择介入或继续持有股票。这是MACD指标的黄金交叉的第二种形式。

当DIF和DEA都在0轴上方,但DIF下穿DEA时,这意味着股票即将从强势转为弱势,股价将下跌回调,此时应该果断减仓或者离场观望。这是MACD指标的死亡交叉的第一种形式。

当DIF和DEA同时低于0轴,且DIF向下突破DEA时,表明股票将再次陷入疲弱的空头市场,股价很可能继续下跌,这时应该考虑清仓出场,保持观望的态度。这是MACD指标的死亡交叉的第二种形式。

4.MACD指标中的柱状图分析

红柱状持续放大表明股票处于持续强势行情中,因此股价将继续上涨。在这种情况下,应该持有股票等待价格上涨,或者果断进入市场。只有等到红柱无法再放大时,才考虑止盈并离场。

当绿色柱状图持续放大时,表明股票市场一直处于疲弱状态,股价预计会持续下降。建议投资者暂时观望或卖出股票,直到绿色柱体图开始变小后再适度买入。需谨记勿贪小便宜,也不要盲目投资。

当股票的红柱状开始缩小时,意味着股价的上涨即将结束,很快将进入回调期,股价会开始下跌。因此,应该适时减少持股或者清空持股,暂时不考虑再次购入。

当绿柱状开始缩小时,意味着股票跌势即将结束,股价会停止下跌或进入震荡状态。考虑到股票中期底部有望形成，此时可以适当布局，但不建议再卖出手中的股票。

当绿柱开始放出而红柱逐渐消失时，这是股票走势弱化的信号之一，意味着股票的上涨或高位盘整行情即将结束，股价可能会快速下跌。此时，应该果断卖出持仓或清仓，不再进行交易。

当绿柱开始消失而红柱逐渐放出时，这是股价走势强劲的信号之一，这表示股票的下跌或低位盘整趋势即将结束，股价将开始加速上升。在这种情况下，应该积极进入市场或继续持有股票以等待上涨。

5. MACD 的顶背离和底背离

第一，顶背离。股价的高位区会出现顶背离。顶背离现象是指当股价K线图上每个波段高点逐浪上移且一浪高过一浪时，MACD呈红柱状却无法有效抬高，反而每次高点逐浪下移，导致股价走势与技术指标不再同步上升的现象。顶背离现象是一种预示股票价格即将从高位反转下跌的信号，被广泛认为是安全离场和提前实现收益的可靠指标，其在判断股票中长期顶部的成功率达到了80%。

第二，底背离。股价处于低位区时，可能出现底背离现象。当股票价格图形每次创下新低并逐渐下跌时，若MACD技术指标的绿柱状没有变大且每次的低点都快速缩小，那么股价走势与技术指标之间就出现了底背离的现象。底背离是股价出现在低位的信号，可能是一个短期进场的机会，意味着股价可能会反弹向上。这种现象可以被解读为股价短期内可能反转向上的预兆。股价在底部时，通常需要反复几次出现背离才能确认是否会反转，因此底部背离的预测准确率较低。

6. 必须掌握的 MACD 八大形态

在MACD指标中，根据DIF和MACD，以及DIF和DEA两线按照其金叉时在0轴上下的位置，和金叉前是否发生过死叉、死叉发生的位置，分为八种不同形态的图形，它们分别是佛手向上、小鸭出水、漫步青云、天鹅展翅、空中缆绳、空中缆车、海底电缆和海底捞月。

第一，佛手向上（如图1-23所示）。DIF与DEA金叉后，随着股价的上涨而上升，也随着股价的回调而下落。一般情况下，在主力洗盘时，股价回调会导致DIF回落至MACD线的附近，此时DIF线会立即反转并向上，形成佛手向上的形状。通常情况下，此时的均线系统会呈现多头排列。

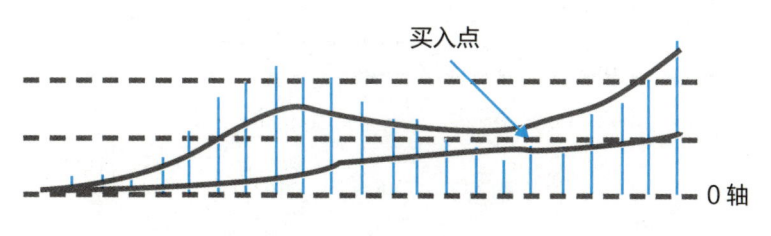

图 1-23　佛手向上示意图

第二，小鸭出水（如图1-24所示）。DIF在0轴以下与DEA线发生金叉后，并不是立即上穿0轴或上冲一点后回归0轴以下，而是向下与DEA线发生死叉，几天后再次与DEA线发生金叉。这种形态被认为是股价在下跌探底后抛盘已尽时出现的底部形态，意味着见底反弹信号，可以考虑在适当时机入市。空头排列在此时往往是均线系统的状态。

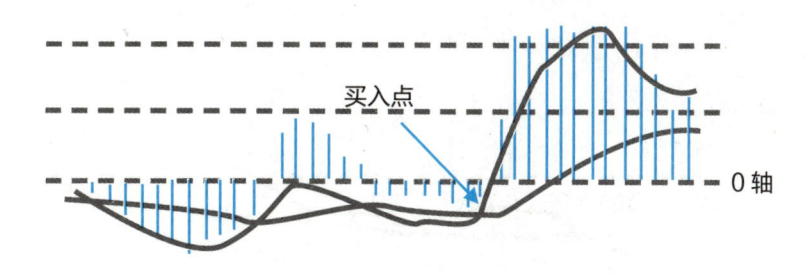

图 1-24　小鸭出水示意图

第三，漫步青云（如图1-25所示）。DIF线和DEA线出现死叉并在0轴上，随后DIF线继续下穿0轴，并在0轴或0轴以上与DEA线出现金叉。此时，K线通常会刚刚穿过或正在穿过重要的均线。在股价触底回升的过程中，可能会形成盘整或筑底形态。如果呈现上升趋势，则视为积极的可介入信号，应该果断抓住市场机会加入其中。

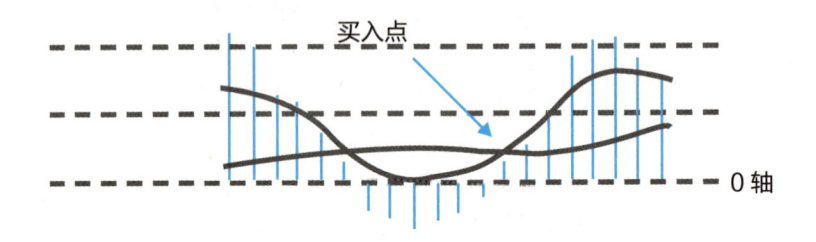

图1-25 漫步青云示意图

第四，天鹅展翅（如图1-26所示）。DIF在0轴以下与DEA线金叉，之后未曾上穿0轴就回调并逐渐靠近DEA线，此时MACD红柱缩短，但未出现与DEA死叉的情况，随后再次反转向上，同时MACD红柱加长，最终形成了天鹅展翅形态。该形态通常是底部形态，在股价下跌探底之后，抛盘消耗完的情况下形成。这种形态被认为是主力筹码建仓的区域，可以在适当的时机介入。

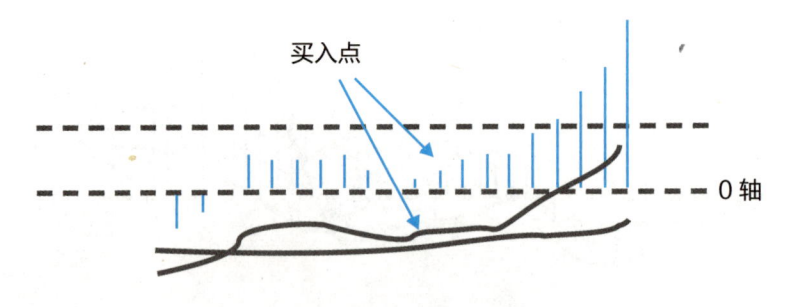

图1-26 天鹅展翅示意图

第五，空中缆绳（如图1-27所示）。当DIF在0轴下与DEA金叉并持续在0轴上一段时间后，若股价出现调整，DIF也会向下回调。当DIF回调到DEA线时，两条线会几乎合并成一条线。当它们分离并形成多头发散时，就是买入的时机，新的上涨趋势开始了。这种形态的出现通常是上涨行情中的短暂整理或主力机构的洗盘导致的。在股价短暂盘整后，往往会出现强势上涨形态，这被视为积极的买入信号，可以果断进场买入。它与空中缆车的主要区别在于不存在死叉现象，而空中缆车会发生死叉，而共同的特点是它们的均线系统通常都呈多头排列。

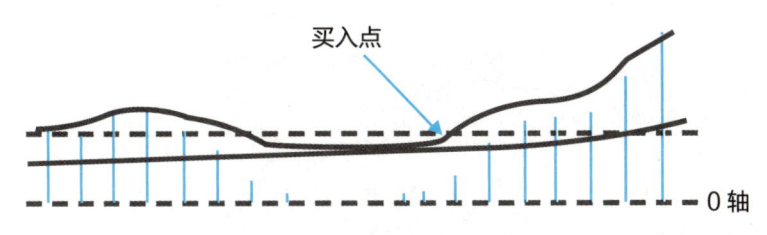

图1-27 空中缆绳示意图

第六，空中缆车（如图1-28所示）。DIF线在0轴上与DEA线发生死叉，但并未下穿0轴，几天后DIF线再次与DEA线发生金叉，并仍然在0轴之上。该形态通常出现在上涨过程中的盘整期间，表明主力资金在洗盘之后对股价做短暂的调整，随后股价就会表现出强劲的上涨动力。这种形态可被理解为积极介入的信号，并且适合果断地买入。如果该形态伴随着连续的放量，更应坚决看多。

第七，海底电缆（如图1-29所示）。如果MACD在0轴下持续一个月以上，而DIF在0轴下与DEA金叉后，两条线就会几乎合并成一条，并且数值几乎相等。如果在这种情况下，两条线开始向上分散，那么就可以考虑购买。0轴以下的海底电缆形态通常是由股价下跌到谷底以后，抛盘减少而呈现的底部形态。主力资金此时会介入，进入压箱底吸货，应该选择时机入市。

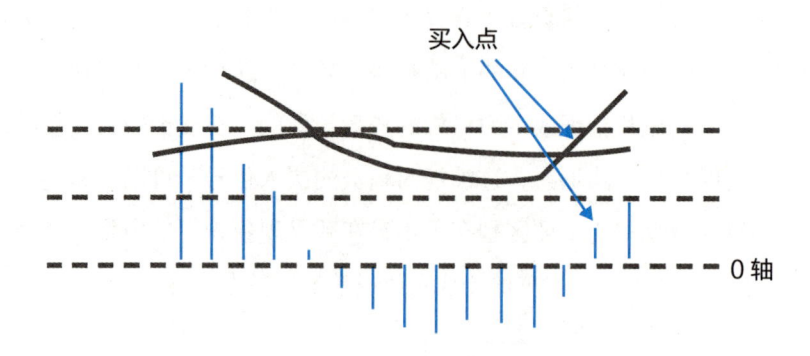

图 1-28 空中缆车示意图

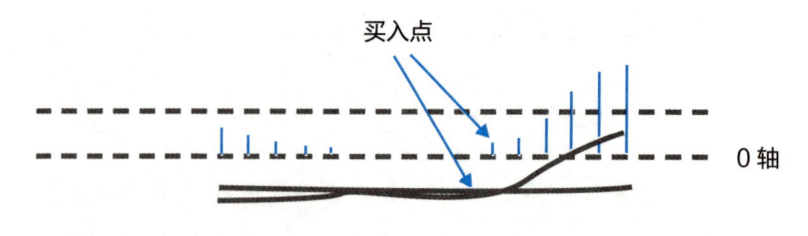

图 1-29 海底电缆示意图

第八，海底捞月（如图1-30所示）。当DIF在0轴以下发生二次金叉时，意味着该股正在走出底部，开始向上走，这种情况下可以考虑适时进场。此时股价在重要均线下方，然而均线系统常常呈现多头排列。

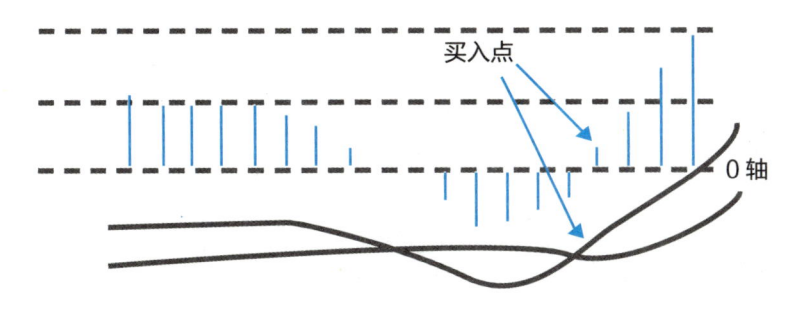

图 1-30　海底捞月示意图

⭐ 恒哥心得

　　炒股要严格遵守"一停、二看、三通过"的原则。

　　停，指的是炒股票就像过马路，要停下来观察情况。你需要保持小心谨慎的态度，避免盲目进行股票交易，同时妥善管理自己的投资仓位。例如，我会在市场惯例趋势与自己的判断不同的情况下设置止损点，以确保资金安全。对于已经持有满仓并亏损较深的股票，除非股票出现了问题，否则没有必要着急减仓，可以采取"守株待兔"的策略来解决问题。

　　看，指的是观察全球经济并预测我国经济的发展趋势。只有认真研究个股的运行规律，才能够对优秀的上市公司有深入的了解。

　　通过，指的是投资中最困难的并不是寻找好的交易机会，而是确保所有交易都严格遵循"以逻辑为基础"的原则。以交易频率为例，当市场成交量增加时，你是否有能力保持冷静，深思自己的持股策略，而不是盲目地进行交易？当市场交易量减少而价格上涨时，你是否会因手中股票上涨而放松警惕？

第8节　成交量和换手率

成交量和换手率是股票市场中的两个重要概念，它们都反映了投资者对某种股票的需求和参与程度。

1. 成交量

成交量指的是在一定时间内某只股票的交易总数量，它包括买入和卖出的数量之和。成交量的增加通常意味着市场对该股票的需求增加，而成交量的减少可能意味着市场对该股票的需求减少。因此，成交量是判断股票市场活跃度的一个重要指标。

股票的成交量可以用"股"或"手"作为单位来计算，其中1手相当于100股。投资者需要分析成交量来识别买卖双方在不同阶段的主动买入量和主动卖出量，结合股价运行趋势做出分析判断，以此确认未来行情趋势以及主力的多空倾向。

我们在技术分析中，通过观察分析K线图、分时图以及成交金额、量比、换手率等来了解成交量的变化。K线图和分时图通常会通过成交量柱状图来展示成交量及其变化情况，这也是最为常见的方式。

一般情况下，成交量柱状图被设置在K线图的下方。柱状图中还有一项指标叫做均量线，是一条在量柱之间上下波动的曲线，用来显示不同时间段内量能的变化情况（如图1-31所示）。

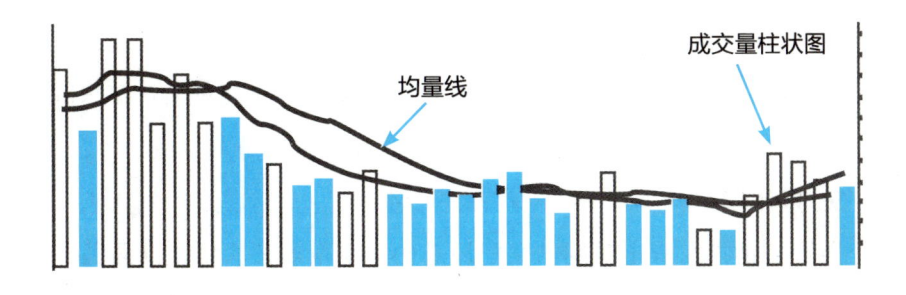

图 1-31　均量线示例

均量线是成交量柱状图中所显示的市场平均成交量所构成的曲线，其时间范围可设置为5日或10日等。其中，5日均量线反映短期的量能状况，而10日均量线则反映中长期的量能状况。

一般情况下，均量线会连续上升，以显示市场资金不断流回的过程。如果均量线已经走平或回落，与升势形成背离，就表示入场资金已经达到顶端并开始出货，投资者应当警惕价格达到高点的情况，因为这表明升势已经进入狂热阶段。

市场资金不断逃逸的过程会导致均量线持续下跌。当跌势进入末期阶段时，均量线的走势会变得稳定或呈现上升趋势，与价格走向的下降形成背离。这说明资金已经开始回流，并且此时不宜盲目跟随抛售，而应该等待机会，寻找低位进行介入。

分时图中也采用成交量柱状图来反映成交量的变化，但相较于其他图表，分时图中的成交量柱状图较细，更像一条线，因此也被称为成交量柱线图。

以元为计算单位的成交金额通常是指在某个交易时间段内所发生的交易总金额。

在提及大盘指数的交易量时，我们通常使用交易总金额来描述。例如，我们会说沪市或深市在某一天的交易总金额达多少亿元。谈到个股时，我们通常谈论成交量或换手率等指标。例如，我们可能会谈某只股票的日成交量是多少，或者当天该股票的换手率百分比是多少。

2. 换手率

换手率是指在一定时间内某只股票的成交量与该股票流通股数的比值，它可以反映出市场的流动性和投资者对该股票的关注程度。如果一只股票的换手率较高，说明有更多的投资者在买卖该股票，市场的流动性也相对较高。相反，如果一只股票的换手率较低，说明市场上对该股票的需求较小，投资者对该股票的关注程度也相对较低。其计算公式如下：

换手率=成交量÷流通股数×100%

换手率是最为核心的成交量分析形式。在个股的活跃度和强弱度评估方面，换手率的可参考性相对于成交量具有明显的优势。

我们可以利用柱状图来简单直观地分析一段时间内的成交量变化，但由于不同股票股本的不同，量柱的高低波动并不能真正反映出实际的流动性，而换手率则可以弥补这一不足。

个股的换手率直接反映了目前成交量与流通股本的比例，据此可以看出该股的活跃程度以及是否受到资金的喜爱和关注。

当股票的换手率较高时，通常意味着该股票的流通性良好，交易活跃，投资者购买意愿强烈，说明它属于热门股；而股票的换手率太低，则表明该股票不受人青睐，属于冷门股。

换手率分析可以被视为对成交量的详细分析和个性化分析。股本不同的个股的换手率所包含的技术意义存在显著差异。

在投资实践中，投资者需注意两种极端情况，即换手率过高或过低。投资者需要明白，换手率高或低只是相对概念，不应过于关注具体数值。分析换手率时，考虑目标个股的股本情况对投资者来说是必须的。

举例来说，某只股票某天的换手率为0.19%（如图1-32所示），达到了几年来的最高水平，这导致这只股票的股价在短期内出现了高点；而另一只股票的换手率尽管超过了1%，但如果其股本很小，仍可能属于历史较低换手率的范围。

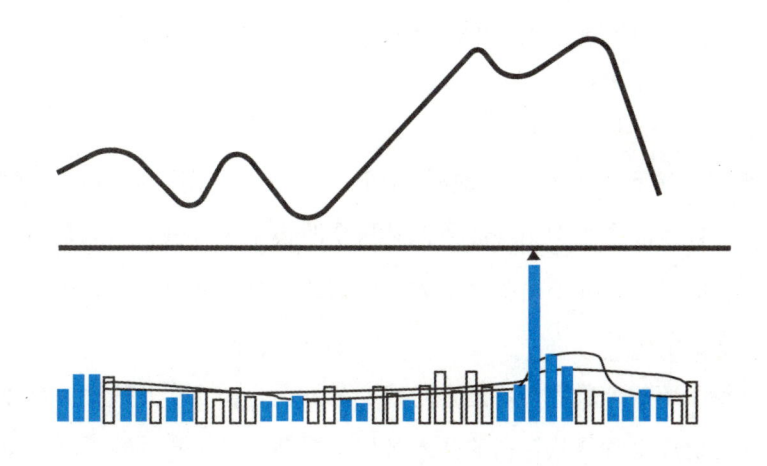

图 1-32 股票换手率示例

例如下图中这只股票，A点当日的换手率达到了23.80%，创下了该股历史最高值（如图1-33所示）。尽管股价没有在此处达到顶点，但它的上涨趋势并没有持续太久，在B点时便发生了趋势性转折。

当个股的换手率接近或超过历史最高值时，若随后换手率逐步下降，导致股价上涨缓慢，这一般意味着投资者需要警惕股价趋势的变化。

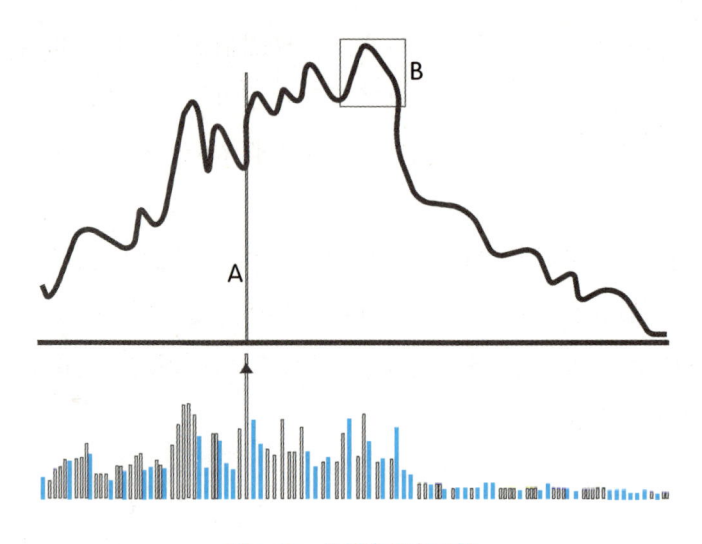

图 1-33 换手率过高示例

通常情况下，低换手率会在处于下跌趋势、处于盘整震荡期间的个股或主力控盘的个股中出现。所谓某只个股换手率过低，指的是与其历史数据相比过低，而不是指特定的一个数值。分析换手率时，投资者需要注意这一点。

低换手率的个股大多不适合短线交易，而是适合中长线投资者在个股出现股价洼地时寻找合适的介入时机。股票的换手率反映了其对投资者的吸引程度。许多投资者错误地认为，换手率越高意味着价格越高。事实上，换手率仅反映投资者对股票购买的意愿。

3. 换手率的大小和活跃状态

大部分股票的换手率都在3%以下，这是股市的常态。通常情况下，我们会根据几个区间来评估股票的活跃程度。

当日换手率小于1%，表明股票的状态较为冷清，参与的资金以散户的资金为主，可以不关注这样的股票。

当日换手率在1%～3%，表明该股票的交易条件相对温和。投资者应当注意换手率低于3%时的两种情况：一种情况是，散户市场中没有庄家参与；另一种情况是，股票经历大量下跌后，股价会在相对高位的区域内持续横向振动。当股票的换手率低、成交量小的时候，表示庄家暂时未出货，而是准备进一步推动股票价格上涨。

当日换手率在3%~7%时，投资者可以根据股票的前期走势来分析庄家的下一步动作，因为这时候庄家很可能也积极参与其中了。

当日换手率在7%~10%时，股票的换手率已经非常高了，那么当股票价格上涨时，庄家很可能会抛售股票。

当日换手率在10%~20%时，表明这只股票非常活跃，投资者就需要警惕了。如果我们不是处于历史数据的高点区域，也没有进入中长期见顶期，那么，这种现象说明强势机构正在大规模操作。如果市场上超过一半的股票达到这个换手率，即使不在短时间内连续暴跌，至少也会出现大幅震荡。

当日换手率达到20%以上时，该股票就会被认为是过度活跃，投资者必须时刻准备出售。股价处于高位时，一般意味着主力庄家开始减仓出货，此时很可能存在反常情况。一般情况下，如果股价最初较低，那么这么高的换手率很可能是主力庄家推高的结果。

具体的日换手率对应的股票状态、盘口观察态度、资金来源、介入程度、走势趋向、操作策略等，还可以参考表1-1。

4. 实战中的量能辨析

许多投资者希望个股能够表现出放量上涨的趋势，但却常常发现大部分放量上涨的个股的股价涨幅并不会太大，有些个股的股价甚至会在成交量增加后快速下跌。相比之下，有些个股反而在成交量没有增加时表现得更好。

表 1-1　日换手率对应的股票各项情况

日换手率	股票状态	盘口观察	资金	介入程度	操作策略走势趋向
小于1%	冷清	不关注	散户资金	观望	无方向
1%~3%	平淡	一般关注	试探资金	谨慎试买	方向模糊
3%~5%	相对活跃	适当关注	试探介入	少量介入	小幅升落
5%~10%	高度活跃	高度关注	大举介入	考虑买入	或卖出稳步上升或回落
10%~15%	非常活跃	重点关注	深度介入	大举买入或卖出	大幅上升或回落
大于15%	极度活跃	极度关注	全线介入	进入或清仓	暴涨或暴跌

放量最猛的股价高点往往会套住追涨者，这是为什么呢？

如果一次交易中出现了大成交量，那通常意味着主力在控盘上并不占优势，或者正在减仓出货，因为这相当于一种强力的交易手段。主力控盘的个股在大部分时间内成交量表现都不够活跃，但并不是所有个股出现成交量低迷的情况都是因为受到主力控盘的影响。

所谓成交量低迷的个股，通常是缺乏大型资金关注的个股，意味着这些个股没有主力资金介入。个股缺乏主力资金关注，往往是因为其上市公司存在种种问题，导致其股价受市场影响而波动较大。大盘股是另一种成交量低迷的个股，其成交量低迷其实是相对于大股本而言的一种假象。通常情况下，大盘股的换手率并不会过高，这是一种常见的情况。虽然大多数情况下没有资金想要去控盘一家流通股本超百亿的个股，但总有一些人会在顺境中变得疯狂。

主力高度控盘的个股，K线图上呈现这种明显特征：其股价呈上涨趋势,最大放量点集中在密集成交区,换手率通常不会超过5%。对于这种个股,如果选择在震荡低点介入,最好要坚定持有,不要试图在高点卖出或低点买入。普通投资者若试图与主力斗智斗勇,往往会受到重创而失利。

我们在实践中发现,许多个股的成交量起伏较大,这通常表明主力未能有效地控制股价或这些个股被游资聚焦进行炒作。这些股票产生大量成交量的原因可以大致归纳如下:

第一,主力资金实力平平,只能采取对倒的方式来推高股价。这种类型的个股,在股价不断上涨、下跌的过程中不停地被买卖,以此来降低成本。它们的典型特征是折返频繁,投资者经常买低卖高,因此投资者坐电梯也很常见。

第二,主力在掌控盘面方面的能力不足。多数个股的股价在出现大成交量后会开始回落调整,通常回落幅度会比较大,以满足主力逐步增加控盘程度的目的。

第三,资金对赌,类似一种"击鼓传花"游戏,也就是游资之间通过炒作传递资金,当游资被套牢或成功逃脱时,成交量会快速萎缩,股价必然大幅下跌。

5. 小结

一些个股的成交量表现低迷,是主力资金长期掌控股票交易,并很有耐心地采取相应战术所导致的。而大多数缺乏主力资金介入的低迷个股被认为是"僵尸股"。大盘股大部分时间成交量和换手率极低,因此涨起来的速度很慢。

那些有大量资金参与且处于高位区域的个股,如果出现较大成交量和异常高的换手率,通常意味着这些股票已经涨到顶部。股价的变动受到成交量的影响,成交量可以视为催化剂;而短线交易的弹性指标主要是换手率。

成交量是股市人气活跃程度和价格波动的重要指标。在熊市交易时，必须留意成交量的变化情况，就像一个人在着装时需考虑季节和气温因素一样。如果在冬天穿短袖衫，夏天穿皮袄，不仅违反习惯，而且对健康没有好处。

只有出现放量上涨的情况时，才能考虑追涨。因为成交量的放大可以协助股价上涨，为确认升势继续提供信号。这个原则并非普适，因为成交量增大并不意味着股价必定上涨。只有在成交量逐步放大、股价保持稳定上升的情况下，才能应用助涨原则。

股价持续上涨，成交量亦同步增加，表明股价的上涨趋势稳定，短期内不会结束，因此投资者宜持有仓位以获得稳定的收益。

> ⭐ **恒哥心得**
>
> 不断前进的最好方法是不忘记你的初心。把投资当成你真正热爱的事业，记住自己的动机，而不是将其视为赚钱的工具。保持初心的伟大投资人，要始终如一地在事业上前行。
>
> 有一种"聪明"的投资者会将其他人当作"韭菜"来收割利益，以此在市场博弈中盈利。"游戏"的核心在于将股票视为简单的筹码，你相信总有人会在高价时愿意接受你的筹码。在这个"击鼓传花"的游戏中，如果你玩游戏时间太久，拿到最后一棒的这个人可能会是你。
>
> 还有一种"聪明"的投资者认为自己能够预测未来。他们认为自己有能力预测股票价格，甚至能预测行业和公司的未来发展。这些人的正确判断可能取决于时间、地点和人物的正确性。事实上，没有人能够对未来做出准确的预测。
>
> 从心理学角度看，这样做会妨碍人们培养良好的专注力和耐心。最长

久的坚持只能通过遵循简单的规则来实现。一个人遵从复杂的规则会使内心变得更加复杂，这时人性的弱点很容易显现出来，并会引起犹豫、怀疑和各种问题发生，同时使我们难以坚持下去。

因此，交易应该是简单易行的，即使不加思考也能够坚持下去。工具如果锋利的话就很实用。交易并非研究，无需如同研究那样复杂。研究是为了彻底地解决问题，而交易只需追求盈利。

在不确定的市场中冒险是最愚蠢的选择。在金融交易中，"没有把握就不要做"和"不知道就不要做"是最重要的原则。

在股市中，你的生存时间比你的表现更重要。在天亮之前，我目睹了太多人的投资走向失败。他们自身并没有问题，但由于股票所属的企业无法持续经营到天亮，因此他们看不到光明。值得思考的是，股票市场的真理是"剩者为王"。

〈第二章〉

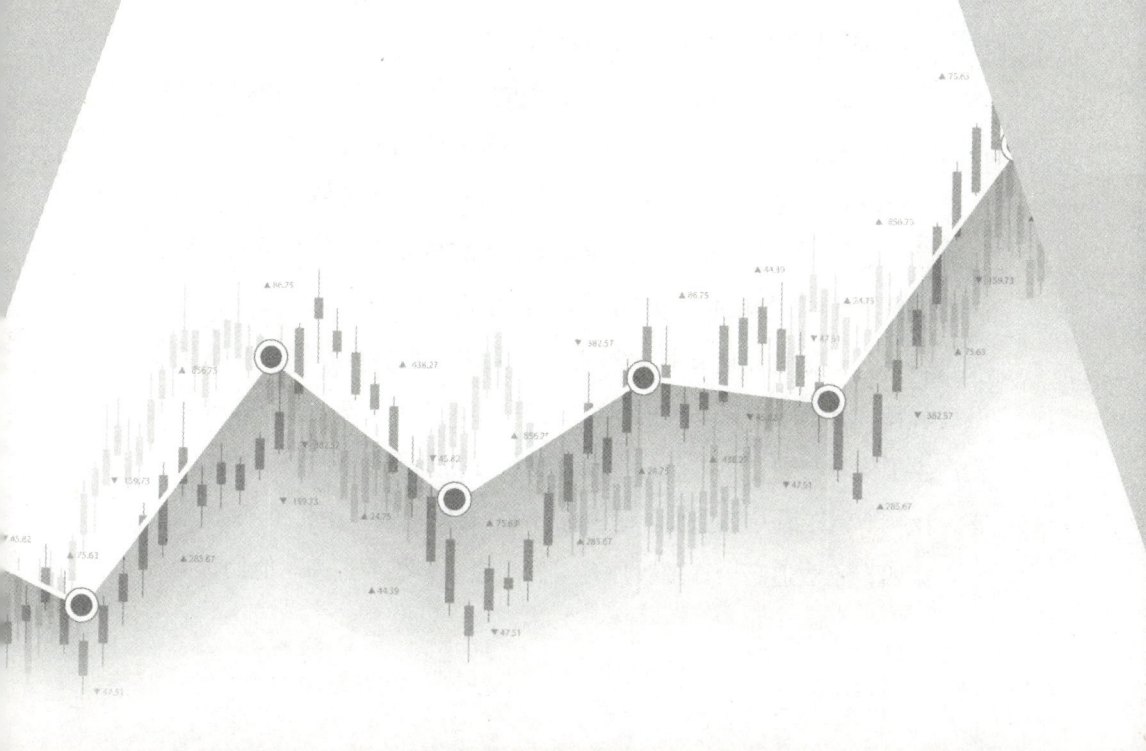

盈利思维

第1节 赔钱的人有哪些思维？

在股市中赚钱并不容易。要在股市中取得成功，必须先学好相关技术并积累经验，在实践中反复磨练，只有通过这样的方式，才能不断提高水平，别无其他办法。即使这样，在股市中赚钱的可能性依然不高，很多人依然在亏钱。

那些赔钱的人的思维是什么样的？都有什么共性？

第一，过于自大。在股市中，赚钱的速度很快，但亏钱的速度也同样很快，很多人在赚钱后洋洋自得，这个时候，操作不谨慎，非常容易亏钱。大多数人都是在获利后的自满时期亏钱。

第二，喜欢抄底。很多人看到那些价格处于历史低位的股票，觉得抄底的时机到了，尤其是发现自己付出的成本比别人都低后，简直乐开了花。但没有想到的是，这只股票虽然已经创下了历史新低，但它仍然可能继续走低，未来几个月内可能会创出更多的新低，甚至可能出现腰斩的情况。最终，抄底的人使自己陷入了困境。

第三，不愿意及时止损。对于这个问题，很多人在很多文章里都做过解释，有的散户在一次止损后发现没几天股价又涨回来了，导致他们产生了侥幸心理，不再及时止损，这种行为是不可取的。就我个人而言，我绝不允许损失超过5%。记住这句话：截断亏损，让利润奔跑！

第四，不敢追高。许多散户有"恐高症"，不敢追高。他们认为股价已经涨到一定水平，再去追涨有可能被套住，于是就止步不前。实际上，股价的涨跌与其所处的价位并没有必然的关联，而主要取决于股票市场的"势"。一旦出现上涨趋势，那么介入的风险性就会大大降低。在这里，对"势"的判断也很关键，炒股高手能根据不同市场环境的标准来判断上升趋势是否已经形成。在股市上，虽然放量创出新高的股票通常被认为是好股票，但在弱市中，这往往是多头陷阱。衡量投资者水平的重要标准之一就是其对趋势的判断能力。

第五，不敢追龙头股。对于一只开始上涨的股票，在不确定它是否是龙头股的时候，很多人不敢贸然追高。而等到大家都意识到它是龙头股时，股价已经有一定的涨幅了。在这种情况下，散户往往选择购买涨幅较小的跟风股，期望能够稳健获利，而不敢继续跟进。然而，他们并不知道这些跟风股在涨的时候涨幅缓慢，在跌的时候却会因为其他影响因素而大幅下跌。最后，这些散户花费了相当长时间的努力，却没有获得任何收获。当股票处于强势状态时，涨幅越大的股票往往越会受到更多的追捧，导致上涨更为顺畅，即便到达顶部，这只股票也可能会在一段时间内持续横盘，就会为你提供充足的时间来卖出。

★ 恒哥心得

人性的弱点有很多，总结起来最根本的就两个——贪婪和恐惧。

人的贪婪会让你走向毁灭。在市场中，贪婪让你在追高的时候被套住，在下跌的时候抄底，最终一步一步深陷其中。很多人不具备一套对市场进行客观分析的方法，总是很幼稚地认为自己在现在这个行业中的成功是可以复制到股市中的，这是一种非常愚蠢的想法。因为在现实中，很多成功都是有运气成分的，能力只是一部分。而到了股票市场中，我们只能依靠自己的实力。然而，有些人并不具备这样的实力，因此，他们一旦进入市场，就会被贪婪和恐惧所控制。

恐惧与贪婪是完全不同的。一个人的恐惧可能会让他做出一些极端的事情。例如，在股价上涨的时候，人们总会担心股价是否已经接近顶点，因此不敢去买入，而主力只要轻轻洗一次，就会被洗走，然后被吓跑；在股市下跌的时候，人们会非常害怕和恐慌，只要股价稍有下跌，马上就抛售手中的股票，可抛售后就发现股票竟然又重新上涨了。在股市中，这种情况每天都会发生，而且在同一个人的身上也会反复发生。这是人类普遍具有的弱点，但是有些人从来没有想过去改变自己，所以他们不是亏钱，就是被市场淘汰，永远都处于赚小钱亏大钱的状态。

第2节 有抄底思维的人一定会失败

为什么有些炒股人总是会失败？因为他们太看重抄底了。那为什么抄底就会失败呢？

一是该慎重的时候不慎重。慎重行事是很重要的，进行抄底操作的前提条件是先进行逃顶操作，即在高位进行减仓。

二是该了不了。那些高位满仓、重仓的投资者所持有的股票大多数属于涨幅较大，但是收益并不丰厚的类型。

三是该等不等。与未能脱身的高位重仓投资者相比，有些投资者更幸运，因为他们在指数走高时就已经把股票卖出或者减少了持股仓位。

四是该狠不狠。与逃顶相似，抄底的机会也不是随时都有的，即使有机会，也不是每个人都能抓住。当机会出现时，必须立即抓住并果断行动，必要时采取强硬措施。

在抄底过程中，投资者们需要了解的主升浪行情的确认标准主要有以下几点。

第一，主升浪行情启动时，多空指数BBI指标会呈现金叉特征。EBBI指标将被BBI指标从下往上突破。要判断上穿是否有效，需要根据BBI指标的上穿情况进行判断。如果BBI指标是从远低于EBBI的位置有力上穿的，那么上穿有效；如果BBI指标是逐渐走高后与EBBI黏合过程中偶然高于EBBI的，那么上穿无效。

第二，主升浪行情中，移动平均线呈现多头排列。这种情况下，需要重新设置移动平均线的时间参数为3日、7日、21日和54日。这些移动平均线相较于普通软件上常见的平均线具有更好的反应灵敏性和趋势确认性。尽管使用的人较少，但却不容易被庄家欺骗。

第三，在主升浪行情中，MACD指标表现出强势特征，DIF线总是在MACD线之上，并且两条线通常以接近平行的状态上升。尽管大盘发生强势调整，DIF线也无法有效地穿破MACD线。同时，MACD指标的红色柱状线也一直在递增。此刻，可以确定主升浪行情正在快速启动。

第四，KDJ随机指标在高位反复失去活力。在平衡状态或下跌趋势中，一旦随机指标进入超卖区，就需要考虑出售。坚决清仓出货是对于高位钝化状态的应对措施。然而，在主升浪行情中，使用随机指标的原则恰恰相反。当随机指标持续处于高位钝化状态的时候，投资者应该坚定持股，并尽可能地获得主升浪的利润。投资者应该注意，当随机指标达到超买区时，可能意味着主升浪行情即将结束。

> ⭐ **恒哥心得**
>
> 炒股为什么会亏钱呢?因为水平不高?还是运气不好?或是对手太阴险?
>
> 其实在股市里打磨了几年的人都能体会到,要想在股市中持续盈利,真的要掌握一些门道。从菜鸟到初学者,要想有质的提升,必须学会做减法,减少自己的交易频率,提高胜率。
>
> 每个投资者都不止一次有过这样的经历,在抄底或者微涨之后因为把持不住而抛掉大牛股。当我们没有做好购买的充分准备时,当我们没有认真考虑购买时,或者当我们没有深入分析和挖掘信息时,甚至当我们没有做简单的排雷工作就买入时……我们就会错过机会,与牛市擦肩而过。
>
> 炒股最重要的是要与市场的结构相对应,要明白最适合的就是最好的,从市场里找到自己需要的,坚持自己的原则,保持开放的心态。有些人会因为恐惧而失败,每天恨不得抱着股票睡觉,哪怕是临近收盘,也要找到一只感觉普通的股票买入,就这样在金融投机的世界里一亏到底。
>
> 对于交易者来说,交易只有两个结果,即盈利和亏损,盈利总是让人心情愉悦,但是如何妥善解决当下面临的亏损问题,往往决定了一个交易者最终的交易结果是盈利还是亏损。

第3节 投资者赔钱的原因

投资者在股市中常有赔钱的时候,其原因可以概括为以下几点。

1. 没有制订或严格执行投资计划

很多人都有这样的体会,当他们通过自己的研究、分析、判断,认为应该购买某只股票时，便迫不及待地将钱投入股票市场，根本不考虑资金的使用时机和使用效果。

这种做法是不明智的。我们必须要对自己所拥有的资金有一个清醒的认识，购买股票所用的资金并不是"零用钱"。

我们必须要有一个计划，要将自己每月或每季度所用到的资金做一个具体的安排，是买货币基金、债券、股票、黄金、外汇等，还是再加上一些其他的投资？因为很多人认为自己每天都在赚利息或有红利收入，对股票投资并不感兴趣。

我想告诉大家的是，在你购买某只股票前，你需要明确自己每个月或每季度想要从股票市场上获取多少收益，然后再根据这个收益目标来决定要不要购买该股票。

如果你是一个工薪阶层的话，每月至少能拿出500元，才能保证自己购买到一只好股票。因为如果你连500元都拿不出来的话，那么我相信你也不会有更多的钱用来购买其他股票。

另外还有一个问题需要大家注意，那就是在购买股票之前一定要仔细地阅读相关的资料，然后再制订自己的投资计划和投资方案，否则你很容易购买到一只垃圾股。

2. 不能克服"一夜暴富"的心态

"一夜暴富"是每个进入股票市场的人都有过的想法，但是有些人就是无法控制自己的贪欲，不能理性地对待投资，甚至将投资当作一种纯粹的投机行为。

投资者之所以会出现这种心态，原因就在于缺乏投资知识和专业知识。

如果没有投资理论和技术的支持，投资者即便运气好赚了钱也会很快被打回原形，甚至让自己的本金全部亏掉。

当然，这种心态是可以通过学习和实践来改善的。

要想克服这种心态，投资者首先就要培养正确的投资理念和过硬的心理素质，知道自己赔钱的原因并加以纠正。同时，投资者要掌握适合自己的投资方法。市场上有许多投资方法，但并不是每一种方法都适合你，而且每一种方法也都有自己的局限性。如果你认为自己有能力预测行情波动，而且认为自己能够长期坚持自己的方法，那么你就可以尝试着运用你自己的方法进行投资操作。

但如果你不具备预测行情波动的能力，却硬要坚持运用自己的方法进行投资操作的话，那么往往会事与愿违。

对于大多数投资者来说，在学习各种投资方法时一定要注意结合自身情况进行选择。

最后需要强调的是，要想克服自己的心理障碍就必须学会正确对待市场波动中出现的盈利和亏损。

很多时候，在盈利时，我们会因为害怕越过盈利顶点，而不敢继续持有股票仓位；在亏损时，我们又会因为害怕继续亏损，而不敢进行操作。

其实只要你能克服这两种心理障碍，你就能够真正地做到"赚得起也赔得起"。

3. 对自己缺乏信心

在股票市场中，投资者需要有足够的自信心才能应对市场的波动和不确定性。如果投资者对自己的判断不够自信，就会很容易被市场的波动所影响，从而做出错误的决策。例如，当股市暴跌时，缺乏自信心的人可能会恐慌地抛售，而坚定持有的人则会看到机会并抓住它。投资者也可能会因为之前的投资失败而对自己的判断失去信心，导致在股票市场中做出错误的决策。

4. 不注重基本面分析

虽然技术指标可以反映市场的趋势和走向，但是根据这些指标并不能完全预测未来的市场变化。因此，投资者还需要注重基本面分析，了解公司的财务状况和经营情况，以便做出更准确的决策。例如，一家公司的盈利能力不错，即使它的股价看起来很低，也可能是暂时的下跌而不会长期处于底部。

5. 没有风险防范意识

投资者可能会意识不到市场风险的存在，或者没有采取相应的措施来规避风险。一些投资者可能会将所有的资金都投入一只股票中，而忽略了分散投资的重要性。比如，有一位投资者在股市中将所有的资金都投入一只科技股中，结果该股票暴跌，导致他损失惨重。

★ 恒哥心得

每个进入股市的人都怀揣着相同的发财梦想，希望通过股市实现财富增加，不再为衣食住行担忧，不再因朝九晚五的工作而心力交瘁，但股市的起起落落，以及资金的不断进出，还是让人倍感不安。换句话说，大多数人进入股市就是希望获得财富自由。

芒格曾经表示："当人生走到某一阶段，我决定成为有钱人，不为别的，只为自由！"大多数人投身股市，所追求的也是这个。

历史已经反复证明，股市只有少数人能够赚到钱，这一事实无法改变。股市的一个永恒的规律是"七亏二平一赚"。只有极少数人最终能在股市赢得成功并获得财富，而大多数人则未能成功。

你在股市中能坚持多长时间？准备什么时候离开？人性的本能使得很多人一旦涉足股票市场，便难以退出。对于大多数散户投资者来说，他们追求的并不是价值投资，而是一夜暴富。

因此，我认为只有两种情况可以使投资者离开市场：

第一，若缺乏足够的资金维持日常开支，便无法冒险涉足股市，因此最常见且实际的离开原因就是没钱了。

第二，必须一次性亏损惨重才能使人心灰意冷，一些人只有在这种情况下才有可能退出股票市场。

除了上述两种情况外，大部分想要退出股市的人都是处于观望状态。当下一次股市大跌时，如果你不顾风险进场买入，等待市场再次上涨时你又跟着追涨，那么你最终很可能会陷入股票的困局。你开始一遍又一遍地重复说："这一次我只要赚回原来的本金，我就真的不再玩了，我将永远退出股票市场。"

其实还是少损失一点为妙，不要继续玩下去了，因为即使你经历了牛市，最终还是会失去一切的。

炒股对许多人来说是一种喜欢的投资方式，因为他们认为炒股赚钱相对容易，不会有很高的难度，也不需要很高的门槛。

实际上，这些人的炒股投资观念从一开始就是错误的。

错误的观念并不能帮助你在A股市场获利，那你有什么方法可以赚到钱呢？

如果你没有正确的市场理解和逻辑判断，就无法在A股市场上长期生存。

股市是一个博弈场，其中最重要的因素是技术和心态。

通常情况下，我们未能珍惜拥有的东西，并非因为它们不够重要，而是因为我们还没有意识到它们的重要性。

第4节　新手必须明白的六条铁律

炒股新手有一些必须明白的道理，我称之为"六条铁律"。

1. 炒股最难的是等待

在股票市场上，最困难的既不是挑选股票，也不是买卖，而是等待。有许多人都有过这样的经历，他们刚开始买卖股票的时候，总是非常积极，看到别人买入股票，他也想买；看到别人卖出股票，他也想卖。他们不知道在什么时候该买，不知道什么时候该卖，他们总是在股市中随波逐流，但这并不能代表他们就能成功。真正的成功者都是那些能够自律、不受市场环境影响，而且愿意等待的人。

我们都认同这样的话："只要有希望，哪怕是地狱，也会变成天堂。"生活中最困难的事情并不是我们如何去努力，如何去挣扎，而是如何去做一个选择。"伺机而动"，就是对等待和选择最好的诠释。但是，大部分人是没有自控能力的，这就导致他们不能做到完全自律，也不能坚持等待，总想着买了就赚钱，卖了就赔钱。

其实，在股票市场中，有许多人是非常聪明的，他们有着丰富的经验和知识，也知道如何去挑选股票，但他们还是会选择去购买那些刚上市不久的新股来赚钱，原因也很简单：因为新股上市时间短、价格低、涨幅小，所以他们会认为自己买到的新股一定会是一只牛股。然而事实证明，这些新股在上市后不久就已经跌得惨不忍睹了，即使是那些已经在股市中摸爬滚打了很长时间的老手也无法避免这样的情况发生。如果一个新手能做到这一点，就已经打败了绝大多数的人。

2. 稳定情绪，磨练自制力

股市中的起伏并不能把一个人压倒，能把一个人压倒的，是他自己的不稳定的情绪。情绪不稳定的人，在投资股票时，很容易受别人的影响，从而做出错误的决定。投资股票是一件极其考验意志和恒心的事情，如果一个人没有强大的自制力，那么他在投资股票时将会付出很大的代价。在股市中，我们要时刻保持稳定的情绪和冷静的头脑。当股市处于牛市时，我们要冷静思考；当股市处于熊市时，我们要冷静等待；当市场出现非理性走势时，我们要学会控制自己的情绪。每个人都有自己的性格特征和生活习惯，一个人只有不断地磨练自己才能使自己变得更强。

在投资股票的过程中，一个人的心性和自制力能得到极大的磨练，这种磨练使人快速成长。当你在股市中获得巨大收益时，你要懂得低调；当你在股市中遭遇重大损失时，你要懂得坚强。成熟的股市是一个强者生存的地方，弱者只能被淘汰。成功不是偶然的，它是投资者在不断成长中获得的。

3. 珍惜现在拥有的

人们常说"一分耕耘，一分收获"，但前提是一个人首先要付出艰辛的劳动，才能有收获。而在现实生活中，人们往往把收获和付出割裂开来。一个人如果不能珍惜现在拥有的，就无法追求更好的未来。

在股市中也同样如此，我们常说"炒股要有耐心"，但很多人却把炒股看成是一种快速赚钱的方法，于是他们不停地买卖股票、频繁地换股，希望能够通过这种方式来赚取更多的钱；同时他们又总是不能坚守自己的原则和规则，常常在行情好时卖出了一些股票，而在行情不好时买进了一些股票，结果让自己的财富大幅缩水。

在股市中，大部分人一直忙忙碌碌，他们将自己的时间都用在卖出那些他们认为已经不能上涨的股票，而去追逐那些有上涨趋势的股票上。这多么像人的一生，永远都在追求自己没有的东西，而不珍惜现在拥有的东西。

4. 大道至简

股票亏钱的原因往往不在于想得简单，而在于想得复杂。大道至简，这个道理同样适用于股市，很多人之所以能够在学习中获得幸福，并非因为他们获得的多，而是因为他们关注的东西少。有时候，用一种简单朴素的思维面对复杂的股市，反而能获得更多。

巴菲特的投资哲学就很简单，最重要的一点就是"低买高卖"。什么是"低买高卖"呢？就是在股价低于应有价值时买入，在股价高于应有价值时卖出。"低买"是为了控制风险，避免股价下跌带来的损失；而"高卖"则是为了获取收益，赚取差价。这个道理很简单，却成了股神的投资哲学，由此来看，越简单的道理越能应付复杂的情况。

5. 保持学习

有一句话叫"不懂不做"，这也是巴菲特的投资哲学之一。因为股票市场上的东西太复杂了，你不知道什么时候该买，什么时候该卖，你只能通过不断地学习和思考才能获得收益。举一个简单的例子，如果你现在准备去买一辆车，但是你对汽车不是很了解，那么在买车之前你可能会去看各种汽车杂志、汽车网站以及汽车论坛等，这些都是你了解汽车的渠道；你通过这些渠道了解了汽车的知识和信息后，你就能明白应该在哪里买车、什么品牌的车比较好、自己手里的钱能买什么样的车；明白了这些后，就可以去4S店买车了。就像巴菲特说的："如果我知道明天股市会涨还是跌，我就会投资股票。"

6. 要有"四心"

炒股要有"四心",这里的"四心"指的是信心、耐心、细心、平常心。

信心是投资的基本条件,是炒股成功的基石,是每一位投资者都应该具备的基本素质。从某种意义上讲,信心是一种能力,是一种资源,它能帮助我们战胜一切困难和挫折。那这种能力从哪里来?股市实践证明,自信和希望是紧紧联系在一起的。当一个人相信自己会成功时,他就会对未来充满希望,就会有积极向上的心态和动力,并能认真负责地做好每一件事情;相反,一个人如果不相信自己的能力,他就会对未来充满恐惧。在股市中,没有自信的人是可怕的。所以,我们要学会正确地认识自己,充分地相信自己的分析判断能力。

耐心是一种良好的投资态度,它是我们成功的必备条件。股市中,有不少投资者在行情还没启动之前就已经开始建仓,由于没有耐心,结果被深套其中。所以,投资者要学会耐心地等待,并且要耐心地持有,当然也要有信心,相信自己会成功。股票投资中的耐心,主要包括以下几个方面:第一,等待时机,在时机不成熟时,投资者不能贸然进场操作;第二,等待大盘和个股出现变化时再动手;第三,懂得放弃。

细心是一个投资者成熟的标志,也是成功的重要条件之一。股市中有一句名言:"没有坏消息,只有坏消息。"这句话通俗地说,就是:没有坏的消息,只有不好的消息。这句话提醒我们在炒股过程中,要特别注意股票的基本面情况,如果发现基本面恶化或重大利空时,应及早止损出局。在实际操作中,我们还要养成良好的投资习惯,如对手中持有的股票进行定期分析,当发现它出现重大利空消息时,应及时止损出局;对股价变动幅度较大的股票,要注意观察其成交量变化情况,当成交量变化不明显时可以暂时持币观望;对底部放量上涨的股票,要密切关注其未来发展情况。

　　保持一颗平常心，是炒股的基本条件。炒股，最忌讳的是"贪"和"怕"，这两种心态都会导致投资者陷入投资误区，并使其最终失败。在股市中，许多投资者都有这样的经历：当他们发现自己选的股票有上涨趋势时，总是不敢立即跟进；当他们发现自己选的股票下跌时，又总是心存侥幸，希望股价能涨回来。所以，有些投资者明明买的是好股票，但就是因为一时惧怕而失去了赚钱的机会。因此，我们要切记：在股市中有赚必有赔。只有在正确认识了股市运行规律的前提下，投资者才能做出正确决策，才能把握好投资机会。

⭐ 恒哥心得

　　专注是一种能力，投资者只有聚焦在一个点上才能进步，只有持续提升才能在股市里游刃有余。只要能精通一门技能，成功就会成为一件顺理成章的事情。专注于一件事是非常重要的。

　　追求极简主义的人都懂得专注发展。要想过充实的生活，就必须保持简单。极简主义者能够领悟生命短暂的道理，他们会把事情变得简单化，并且专注于自己真正感兴趣的事情，避免盲目投入，不浪费时间和精力，让自己更加理性地去选择股票。

　　投资者需要寻找自己交易中的缺陷或不足，特别是那些常见的问题。通过不断的尝试，找到问题并解决它，投资者的交易技巧就可以不断提高，达到更高的境界。投资者掌握了足够的交易技巧后，在进行买卖时就可以迅速采取行动，表现出更大的自信和耐心。

　　炒股中的信心是非常重要的，如果一个人的想法经常遭受质疑，或者他的行动经常被认为是不正确的，那么他以后再做事情就会变得不自信，未来也会变得更加不确定。

　　《孙子兵法》曾言："昔之善战者，先为不可胜，以待敌之可胜。"

> 这句话是说，擅长战斗的人先使自己立于不败之地，以此去等待战胜敌人的时机。虽然投资者不一定必须成为高手，但是必须深刻理解这个道理，学会耐心等待。

第5节 真正的高手都有耐心

"百年美股第一人"利弗莫尔曾说："获利最多的交易，往往在账户开始时就有盈利。"如何正确理解这句话的意思呢？

有人说，炒股有的时候就是"三年不开张，开张吃三年"。这话虽然说得夸张了些，却也不无道理。

在股市暴跌的情况下，又有几个人能不亏钱？就像农民播种作物，要想获得好的收获，除了农民的辛勤和汗水外，还需要大自然的馈赠。

炒股中真正的高手都有耐心，因为高手知道，有时候需要等到最好的交易时机，才能收获利润。他们愿意花时间去分析市场，制订计划，并耐心等待合适的时机。他们不会为了快速赚钱而盲目地进行交易，而一旦他们找到了机会，他们就会果断出手，追求最大化的利润。因为高手知道，耐心等待是有回报的。他们相信自己的分析和计划，相信自己能够在市场中获得成功。他们不会被市场情绪左右，而是会坚定地执行自己的计划。

股票投资能使我们持续成长，但这种成长是很痛苦的。我们要不断地超越自己，要有更强的自我约束能力，不然，我们就不可能走到成功的那一步。股票投资是一个需要长期锻炼、日积月累、在心理上持续不断地自我强化的过程。

股票市场的学问，仁者见仁，智者见智。不同的人，经历不同，领悟不同，所选的股票就不同了。

在你买股票的时候就要知道，有多大的风险，也就有多大的预期收益。当市场不遵循你所设想的轨迹时，你会有怎样的反应？最好的办法就是把应变的战略记下来，不要被别人的想法所左右。例如，A在股票上赚了一点小钱，B如果不认可他的行为，就最好视而不见，不要跟风操作；反过来，B准备出手时，A如果觉得此时市场上根本就没有什么好机会了，就停止操作，不要被影响。A和B两个人操作时机不同，是对股票市场的看法不同导致的。又比如，你设定了10%的止损点，股价10元时买进，最高15元，止损点就在13.5元，那么就没有商量的余地了，股票跌落到13.5元就说"再见"。如果你最初的打算是10元买进一只股票，15元卖出，那么当股价上升到15元时，你就应该果断地卖掉它，不要患得患失。

尽管我认为在炒股时最好不要预先设定盈利点，但如果你有这个想法，那就尽管去做。你也可以通过不同的方式，来挑选一只股票，但总是要有所取舍。投资股票就好像撑一叶孤舟，在无边无际的海洋中漂荡，谁都不能告诉你，成功的彼岸在何方。但我要说的是，任何一条路都能让你赚到钱，两条路之间往往并不冲突。

对于每一个投资者来说，最重要的是在机遇到来的时候，能够坚定而果断地抓住它。钱是如何赚到的？一件商品20元买进，100元卖出，扣除经营费用后，就是你赚到的钱。卖出价和买进价差得越多，利润就越丰厚。对于股市来说，一家公司的股票价格上升得越多，它的收益也就越丰厚。这就是选择强势股票的优势所在。那么,什么是好股票的选择依据呢?

第一,一旦突破了一个很重要的压力区(如图2-1所示),我们就会认为这只股票可能是一只很强的股票。当然,这也有可能只是虚晃一枪,我们需要用经验和技术指标来识别和分析它。

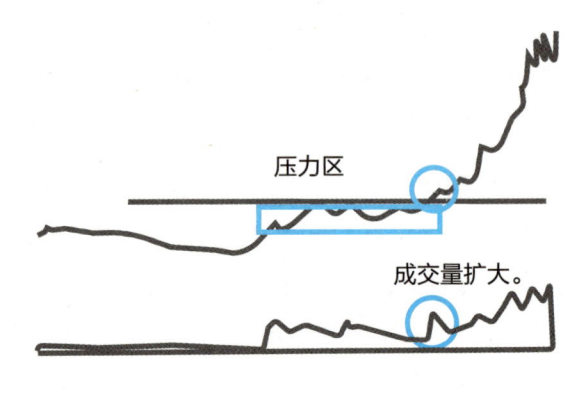

图 2-1 股价调整压力区示例

第二,当股价在上涨的时候,股票的成交量会适当地扩大;当股价在下跌的时候,则会收缩。若不是如此,则表明该股已有较大的资金介入。因为庄家洗盘不能太多,怎么会有更多的成交量?

第三,在道氏理论研究中,怎样界定一种上升的发展趋势?上升趋势就是指高点一次又一次地创造新的高度,而低点也比前一次更高看,可以根据这种趋势来找强股。如果你看到的只是一只股票的起起落落,那可找不到什么规律,要多看几只,一定会有一只你可以理解的股票。

第四,强势股在升势中必须有大幅回撤,不然升势难以维持,主力必须要有较高的控制力。通常来说,这种回撤都是在前一次涨势的30%~50%,之后就会依据某处行情的发展价格,在得到技术支撑后进行分析和整理,最后才会形成更好的升势,从而突破之前的高点。

第五，去华尔街碰碰运气，这是一个很好的想法。那些公司的股价，一旦形成上升趋势，还会涨到一个新的高度。

第六，继续做好思想工作。通常情况下，权重股在急速上扬前都会进行最后一次调整，常见的调整形态有带柄的杯形、三角旗、上升三角形、喇叭等。

看完这六个条件，我们只需要等待入场。一条K线突破了收盘价格的高点，并在该位置上扩大了交易量，就是入场的时候了。然而，很多人在听了别人的讲解后，只觉得很容易理解，可是真正做起来，却无法运用出来。其实，在实际操作中，还有很多更复杂的方面需要注意，因此，无论是什么事情，都要多加练习。即便是百分百肯定的股票行情，在真正的报价中，还是要考虑到许多因素，而不是把话说死。

但不论要面对怎样复杂的情况，关键都在于我们的心态，在股市中投资是要有耐心的，而在股市中寻找机遇则要学会等待。

持股是一个耗时的过程，因此你必须有很强的耐心，要有眼光和远见，不要轻易被股票价格的起伏弄得睡不着觉。

⭐ 恒哥心得

炒股需要的不仅仅是技术，还有耐心。耐心等待是股市赚钱的关键。耐心等待买入机会，就像耐心等待收获季节一样。一位朋友在教育孩子投资时表示："成功是等出来的。"罗杰斯的一句话也让人深思："你需要耐心等待一个良好的机会，赚钱获利了结，接着等待下一个机会。只有以这种方式，你才能战胜他人。"

耐心是在股市中赚钱最重要的能力。耐心是指能够忍受不良情况和困难，持续关注和努力工作的能力。这是关于毅力的话题，要坚持下去，咬牙不放弃。最困难的并不是在投资中确定企业的估值，而是在情况明朗前保持耐心。

耐心是持有股票的必备品质，在购买股票前，同样也需要耐心等待现金的积累。因为缺乏耐心，许多人天生不适合投资股票。信心是耐心的前提，而信心的基础则在于对市场的大趋势的判断以及正确选择投资标的、把握有利的入场时机，再加上切实可行的投资策略的100%执行。

人们常说："耐得住寂寞，才能结出硕果。"市场经济中的交易行为，实质上是自己与自己的一种较量，好的买卖往往是独来独往的，炒股也是孤独的，需要人们付出更多的耐心。

不只是股票投资，各行各业真正能赚到钱的都是能够耐住寂寞静下心来读书的人。没有成功人士会不看书，会不关心社会生活的发展，不管是浏览财经、科技资讯，还是关注社会新闻资讯，都是阅读的过程。

一个成功的股票投资者每天都会留出时间来读书，有些一读就是十几年。炒股，其实也是一种修炼。要想适应市场，就必须理解市场。这是第一道关卡，没有捷径可走。

第6节 成功投资者的赚钱思维

我们常说某个投资者很有眼光，就是羡慕别人赚到了钱，自己也想赚钱。为什么有的人能赚到大钱，有些人赚不到呢？他们的差别在哪里呢？他们的差别在眼光！而这种眼光的差别又来源于何处？思维！正因为他的思维和别人不一样，他才能抓住机会！那么，持续盈利的人和一直亏损的人的思维有什么不同？

1. 做事

投资成功的人想做点什么，就会立刻开始一场"冒险"，马上去完成一项任务；没钱的人，则只等着别人去完成任务。投资成功的人想要证明自己的能力，就会去做一件能证明自己的事；没钱的人只会等待的。在这个世界上，永远都是投资成功的人在想着如何做好事情，没钱的人则只是等着看。对于未来不确定的事情，投资成功的人会率先行动起来，没钱的人只会等着看。

2. 决策

投资成功的人坚决果断，而没钱的人犹豫不决。投资成功的人做决定的思维就是，宁愿犯错，也不愿错过；没钱的人在做决定的时候，宁愿错失良机，也不愿意犯错误。

3. 挫折

投资成功的人遇到挫折和困境时，总会想方设法寻找出路；而没钱的人遇到困境，总是想尽办法寻找各种借口来推脱。

4. 增收

投资成功的人会说"开源"，没钱的人会说"节流"。投资成功的人追求的是扩大自己的财富，而没钱的人只会在手里的小钱上斤斤计较。投资成功的人是不缺钱的，所以他们不管做什么都很大方；而没钱的人之所以会把"节流"放在第一位，是因为他们不知道怎么去赚钱。

5. 金钱

投资成功的人花钱发展，没钱的人存钱过日子。投资成功的人不会把自己的钱放在银行里，他们会用自己的钱去投资，或者去贷款，去积累更多的财富；而没钱的人，他们只知道把钱存在银行里，享受利息。

6. 机遇

投资成功的人总是把机遇放在第一位，他们不会放过任何一个可以发展的机会，而没钱的人则把风险放在第一位，他们永远都不会有主动发现机遇的想法。对于一个新项目，投资成功的人永远都会想着怎么才能占得先机，而没钱的人则永远都是先想着万一自己输掉了该怎么办。

7. 事业

投资成功的人的一个特点是"贪心"，他们永远不会停下前进的脚步，因为对于他们来说，得到了一点，就会有更多。对于事业来说也是如此，在投资成功的人的眼中，任何一份职业都可以是他们的事业；没钱的人的一个特点是"安心"，他们最大的心愿就是能够过上安稳的日子，只要能拥有一份稳定的工作，能够养活自己和家人，他们就心满意足了。

8. 信心

投资成功的人总是很有信心地说"没问题"，没钱的人永远都在说"我不行"，这就是他们面临挑战时不同的思维方式。没钱的人之所以会对自己说"我不行"，是因为他们把自己看作弱者，他们认为自己没有能力去面对挑战，之后又把自己的失败归咎于他人或环境。

9. 人脉

投资成功的人编织人脉网，没钱的人编织人情网。投资成功的人都有一个理念，那就是人脉就是钱脉，他们擅长建立自己的关系银行；没钱的人只能编织人情网，却没有能力为自己赚取财富。

10. 方法

投资成功的人之所以能赚到钱，是因为他们靠"势"挣钱，他们善于分析，就像下棋一样，能看懂大势，不会被眼前的小利蒙蔽；而没钱的人之所以赚不到钱，是因为他们只是靠"力"挣钱，他们只看到眼前的好处，看不到长远的趋势。

⭐ 恒哥心得

股票市场一直以来都是聪明人赚取糊涂人的钱的地方。在市场经济中，只要你参与经济活动，就会成为经济人，并且以赚钱为目标。在资本市场中，没有慈善家，只有赢家和输家，成功或失败是唯一的衡量标准。

股市中只以输赢论成败，其他话题都没有意义。在股市中，哪些人能赚到钱？

第一种人是职业的股票投资者。他们的投资资金可能较少，但是他们有决心将股票投资作为一项职业，即使只是阶段性的职业。他们的心态与职业选手一样。这些人全身心地从事炒股职业，因此他们表现出的专注、勤奋和专业精神能够帮助他们在多次的牛熊转换中获得财富自由。

第二种人有自己的本职工作，他们虽然是业余炒股，但是对股市有相当丰富的经验。很多人会在牛市到来时全力投入股市，并在牛市高峰时将赚到的钱从股票账户中转出来，用于购房、购车或提高生活水平。尽管有些人在牛市结束时未能及时撤出而被困住，但从总体上来看，这个群体仍然是盈利的。他们中，有一大部分是工作经验丰富的上班族，炒股获得的收入成了他们工资收入的有益补充。

第三种人是退休后继续从事股票交易的投资者。他们与职业炒股者最大的不同在于，他们不将炒股视为职业，只是把它看作一种娱乐活动。他们的主要特点是，当他们购买的股票下跌时，绝不会轻易卖出并承受亏损，而是会一直持有到有盈利后再考虑出售。有时往往需要经历几轮牛熊市的转换，才能在这种守候中实现盈利。

第7节 犹太人的赚钱思维

先来看一则小故事。

很久以前，有个犹太商人要出一趟远门办事。临行前，他把三个仆人叫到身边，分别给他们一笔钱，并对他们说："你们拿上这笔钱，按照自己的想法来处理，一年后我回来的时候，会按照你们处理这些钱的方式来奖励你们。"

第一个仆人拿着钱，非常高兴，把他能想到的所有赚钱的项目都投资了，赚到了非常丰厚的利润。第二个仆人，拿着钱做起了生意，结果也赚到了不小的利润。第三个仆人害怕钱被偷走，为了安全起见，他将这笔钱埋在一棵树底下。

第二年，犹太商人准时返回，他对三个仆人处理钱的方式和结果进行了检查。前两个仆人的钱都翻了一倍还要多，犹太商人十分高兴，分别给予了他们奖励。至于第三个仆人，他的钱没有任何增加，也没有任何减少。这个仆人对犹太商人解释道："我之所以这么做，是因为我担心这些钱用得不好，会给您带来巨大的损失，所以我把它们埋在了安全的地方。我将它们埋在了一棵树下，现在我可以帮您挖出来了。"

听了这个仆人的话，犹太商人愤怒至极，他大吼一声道："你呀你，竟然不能把你手中的钱用'活'！"

这是一个很简短的故事，但却很好地诠释了犹太人"有钱不置半年闲"的生意经。对于犹太人来说，与其让钱在银行里"睡觉"，还不如"活"着用。存钱只有少得可怜的利息，远远比不上用钱来投资赚得多。因此，在上面的这个故事里，犹太商人才会对前两个仆人赞赏有加。退一步讲，即使这两个仆人投资失败，这位犹太商人也不会过分责怪。但是第三位仆人却将钱原封不动地藏在了树下，这就相当于活钱变死钱，并不是一个好的管理钱的方法。

从生意上来说，犹太人的这种"活"的生意经，也是一种非常科学的理财方式。经商是为了合理地运用金钱；但是，如果只知道赚钱，不知道如何用钱生钱，那就是一个小商人，混不出大名堂。除了以上这种"活钱"的思维外，犹太人还有以下几种赚钱的思维值得股民们学习借鉴。

1. 用头脑去赚钱

对犹太人来说，挣钱是理所当然的事。当然，在他们看来，赚钱要以智取胜，要靠智慧，要用脑子去赚钱。

2. 善于将机遇转化为财富

犹太人赚钱的技巧中有一条广为人知的原则，那就是：哪怕是1美元，也要赚。他们的策略就是"避实就虚，化整为零，积少成多"。这种策略的特征是将原本需要耗费大量时间和精力的大任务，分解为许多小任务，并在极短的时间内完成，因此能节约大量的时间和精力，这也是犹太人的成功秘诀。这不仅需要判断力，更需要忍耐力。与人交易时，一旦你确定了这个人能为你带来利润，那么你就应该投入全部的精力和时间去与他合作，并耐心等待机会。

3. 看准之后就把钱撒出去

在这个竞争激烈的市场上，所有的投资决定，都是以"利"为动力的。在一个争"利"的商业世界里,商人要想获得真正的利益,最重要的就是做好决定,看准之后就把钱撒出去。

⭐ 恒哥心得

没有人能够不学习、不思考、不实践、不经历错误就直接到达利润的顶端。我们只有反复试错,慢慢理解市场规律,才能取得成功。投资者要想获得利润,只能投入时间和精力提升自己,因为投资者没有改变市场的能力,唯一能做的就是理解市场、顺应市场,而这些都需要投资者的学习。投资是一种金钱游戏,在游戏中赚钱并不容易。想要赚到钱,就要先学做人。这与人生的大道理无关,而是因为克服人性的弱点是股票交易的前提条件。投资者也要多读书,把自己的心提升到"不管刮风下雨,不管什么难事,都不动声色地坐着"的境界。要记住,在任何事情上都要能坚持自己的判断,不被非理性所左右。

每个人都需要了解这个市场的一个重要特质,那就是它是一个持续变化的市场,绝不是静态的。我曾经告诉一些朋友,既然我们选择来到这个市场,就必须时刻铭记不能停下脚步,要不断前进,保持领先地位,并且要保持较大的优势。每个人都有懒惰的倾向,可一旦你停下来,市场经济形势就会赶上你。当市场形势开始追赶你时,你会感到非常痛苦。

如今的市场经济竞争比过去更加激烈,局面不再是狼多羊少,而是狼群共舞。

在这种市场中,如何取得胜利?要与经济市场保持同步发展,避免出现过大的差距,甚至应该在先人一步的基础上不断学习进步,而不是满足于现状。

在任何一个行业中,只要能够掌握本质安全问题,就能够提高成功的机会。

我们需要牢记以下要点:

如果一次交易的赚钱概率高而风险发生概率低,那么投资者就会获得

> 更多的收益。
>
> 　　有时赚钱的概率高,但风险也高,这取决于个人和市场的不同情况。
>
> 　　对于那些赚钱和风险发生概率都很小的情况,操作是非必要的。
>
> 　　要牢记,在股票市场上并不存在什么诀窍,只有相关的思想、方法和心理技巧三者相结合,才能帮助你成功。在进行多头力量的释放和集结时,需要特别关注多头力量薄弱的环节。

第8节　炒股成功的人有什么特质?

　　炒股失败的人各有不同,但是炒股成功的人却是相似的。那么,他们都有什么特质呢?

1. 坚定的信念

　　成功的炒股人有坚定的投资信念。股市波动剧烈时,成功的炒股人可能会有一些投资决策出现失误,导致亏损,但是他们不会被这些暂时的挫折打倒,他们相信自己所做的决定是正确的,即使市场出现暂时的波动也不会影响他们的投资决策。

　　成功的炒股人还需要有耐心。投资是一个长期的过程,他们能够耐心地等待投资的回报。在市场出现波动时,他们不会轻易地做出决策,而是会冷静地分析市场趋势,做出合理的调整。他们不会因为一时的冲动情绪而做出不理智的投资决策,而是会根据自己的规则和核心策略进行投资，确保自己不会因为过度冒险而遭受巨大的亏损。他们也会保持心态平衡，不断调整和优化自己的投资组合，以达到最佳的投资效果。他们会注重市场趋势和基本面的分析，而不是盲目跟风或听信谣言。

2. 冷静的头脑

成功的炒股人在面对市场的波动和风险时能够保持冷静。他们不会被情绪所左右，而是通过分析各项数据来做出决策。他们明白市场的波动和风险是不可避免的，但也知道如何把握机会。他们会遵循自己的投资策略和风险控制原则，对每一次交易进行仔细的分析和评估，不轻易决定买卖。在市场变化剧烈的时候，他们会保持冷静，不会慌乱地做出决策，而是等待适当的时机。

成功的炒股人也不会被市场的热点和噪音所干扰。他们会保持独立思考和分析，不盲目跟风和追涨杀跌。他们会对市场情况进行全面的研究和评估，了解股票的基本面和技术面情况。在做出决策之前，他们会考虑多种因素，包括公司的盈利能力、成长潜力、估值、市场趋势等。

此外，成功的炒股人也会保持谨慎和理性，不会过分追求高收益而忽略风险。他们知道投资是一项风险与收益并存的活动，要承担一定的风险才能获得收益。但他们也会根据自己的风险承受能力做出决策，不会盲目冒险。

3. 长远的眼光

成功的炒股人拥有长远的投资眼光，他们知道投资是一项长期的过程。他们不会被短期的市场波动所影响，而是专注于公司的基本面，并坚持长期的投资策略。他们深知股市的波动是不可避免的，因此他们也会有应对波动的计划，比如分散化投资来降低风险，并定期重新评估投资组合。

除此之外，成功的炒股人也会关注宏观经济走势和政策调整，以及相关公司的业绩表现，从而做出更为明智的决策。他们不会被市场的噪音所迷惑，而是会从长期的角度来看待投资，理性分析市场的变化趋势和公司的经营情况，以此来做出更为明智的选择。

总之，成功的炒股人拥有长远的投资眼光，注重基本面分析，会制订应对市场波动的计划，关注宏观经济走势和公司业绩表现。

4. 注重风险控制

成功的炒股人非常注重风险控制，他们知道市场存在风险和不确定性，他们不会把所有的鸡蛋放在同一个篮子里，而是会进行分散投资来降低风险。他们能够控制风险，能最大限度地保护自己的资金。成功的炒股人通常会采取多种风险控制措施。首先，他们会进行充分的研究和分析，以了解市场的趋势和股票的表现。他们会查看历史数据，分析市场和公司的基本面，以及观察技术图表和统计数据，根据各方面信息来制订投资策略，并避免不可控的风险。

其次，成功的炒股人会制订一个有效的风险管理计划，这包括设定止损点和利润目标，以便及时止损或者获得利润。除了设定合理的止损点，以求最小化损失外，他们还会采取其他措施，如对冲和套利，来限制风险。

最后，成功的炒股人会谨慎地管理自己的资产，例如分散投资组合，避免过度投资，以及不断监测和调整投资组合，以适应市场变化。

5. 持续学习

成功的炒股人会不断更新市场和所关注公司的信息，并不断增加自己的投资知识，提升投资技能。他们知道市场的变化和趋势，并能够利用这些信息做出正确的决策。他们会关注市场的动态，了解各种投资工具的特点和风险，不断提升自己的投资水平。通过不断学习和实践，他们才能在市场中不断取得成功。

他们永远不会停止学习或停止提高自己的技能。他们会定期了解最新的市场趋势、金融产品，定期学习新的交易策略和分析工具。他们会参加各种培训课程、研讨会和交流活动，以扩展自己的知识和经验。

同时，他们也会阅读各种相关书籍和资料，保持对市场的敏锐度和洞察力。他们也会跟踪自己的投资组合，对自己的交易行为进行反思和总结，并不断地寻找改进的机会。他们知道，成功的炒股并非一夜之间就能实现的，需要耐心和恒心，需要不断地学习和提高。因此，他们会保持一颗谦逊的心，不断地吸取他人的经验教训，并与其他炒股人进行交流和互动。与此同时，他们也会保持自己的独立性，不轻易受他人的影响和干扰。成功的炒股人是一个终身学习者，他们不断地追求进步和提高，不断地学习和更新自己的知识，以应对不断变化的市场环境，并享受着他们在股市中的成功。他们会参加各种研讨会、培训课程和学术讲座，积极与其他投资者交流，从不同的角度来看待投资问题，以此来提高自己的投资能力和水平。

6.保持清晰的思维

成功的炒股人在投资时会保持清晰的思维，避免做出情绪化的决策。他们会坚持按照自己的投资计划和策略进行投资，而不会被市场的短期波动所左右。同时，他们也会避免过分自信和贪婪，以免在市场上承受不必要的风险和亏损。此外，成功的炒股人还会保持谨慎和耐心的态度。他们知道市场是不稳定的，股票价格可能波动不定，因此他们会耐心等待适合自己的投资时机，而不是盲目跟风或者恐慌出局。

7.与市场保持互动

成功的炒股人会与市场保持互动，时刻关注市场的变化趋势。他们会利用各种信息工具和分析方法，分析市场数据和趋势，以制订更加科学和有效的投资策略。同时，他们也会与其他投资者和专家保持交流和沟通，以获得更广泛的市场信息和建议。

8.保持信心

成功的炒股人会保持信心和乐观的心态。他们知道，股市是经常波动的，短期的亏损不代表长期的失败。因此，他们会坚定地持有优质股票，不会因为短期的市场波动而盲目地卖出。他们相信，只要持有的股票是有价值的，并且持有时间足够长，最终股票价格会反映出其真正的价值。

此外，成功的炒股人也会保持冷静和理性的思考。他们不会被一时的情绪所左右，而是会通过分析市场和公司的基本面来做出决策。他们了解股票市场的运作规则，并知道如何利用这些规则，从而使自己获得更多的收益。

⭐ **恒哥心得**

我认为，炒股最重要的事情之一是知行合一，然而有很多人明明知道这个道理，却仍然不这样做，常常犯一些低级的错误，遭受一些不必要的损失。

股市和人生一样，不是简单的买卖交易，每一步决策的背后都应该有投资者自己的逻辑和观点。技术是炒股的基础，但高明的投资者要建立自己的交易体系，做到知行合一，这是能够在股市获利的关键。这也是有些人即便在市场行情不错的时候仍会亏损，而有些人却在市场走势不佳的时候仍能获得利润的原因。

我们必须铭记，当一个人的能力与欲望不相符时，容易发生问题。在未了解自身能力的情况下，大部分的投资者会不受限制地释放欲望，这是跌入困境的先兆。损失会随着醒悟时间的延迟而逐渐增大，有很多人甚至在失去所有财产之后仍然无法认清现实。

我从未认为单凭一个交易系统或交易策略就能让投资者成功，更不要提应对市场变化的技巧。

即便交易系统再好，一个不成熟的投资者也无法稳定盈利。甚至当他在使用这个交易系统盈利时，他仍无法理解为什么这个交易系统需要设置得如此复杂，明明可以设置得更加完美，可以更好地捕捉更多行情。

一颗完全被贪婪所蒙蔽的心，无法理解"舍得"和"不完美之美"。

市场上的弱者通常指那些心理脆弱、缺乏力量的人，他们很容易被强者所打压、收割，最终只能收拾亏损的本金后退出市场。交易成功与否并不取决于某个单一因素，而是取决于交易者的综合素养。

第9节　买入时不急，卖出时不贪

怎样选择涨幅较大且能跑赢大盘的股票？许多投资者在选股票时会观察K线图上的5日均线、10日均线、30日均线等是否呈现多头排列或空头排列。为了确定一个股票的行情，第一，可以观察30日均线是否走平；第二，看5日均线和10日均线是否穿过了30日均线。在这之间，庄家会设置所谓的"洗盘坑"，这是为了积攒筹码后让股票涨幅更高。需要注意的是，庄家在收集筹码结束后所设置的"洗盘坑"越急且越深越好。最佳买点是在30日均线走平后，5日均线和10日均线上穿30日均线的时候。除此以外，还有以下原则也需要一并遵循。

1. 买入时不急

有些投资者十分耿直，只要能购买到他们喜欢的股票，就算多花点钱也不会介意，但在卖股票时，却遇到只差几分钱就能够收回成本的情况也不卖出。投资者们往往会选择耐心等待这几分钱再涨上去，但很多时候，这几分钱却始终无法上涨，投资者反而遭受了从几分的亏损到几毛甚至几元的亏损，亏损不断加大。因此，在进行操作时，确保最初买入时所选择的买入价足够合理，是获得操作主动权的重要保证。

有些投资者会询问，如果买不到该怎么办？实际上，回忆一下，当你以某一价格购买某只股票时，在大多数情况下，股票的价格会低于你的购买价格，所以，不必有这样的担心。

散户和机构在很多方面存在不同之处，机构需要几个月时间来建仓，而你只需10秒钟就能完成股票的购买，因此，拥有足够的耐心非常重要。

在某些特殊情况下，投资者如果犹豫不决而未及时买入股票，这只股票在之后也是可能迅速上涨的。即使这样，现金和股票相比，仍然是最安全的资产，投资者可以使用相同的方法来选择其他股票。

2. 卖出时不贪

"不贪"并不意味着阻止大家挣更多的钱，它强调的是必须明确投资的目标。

有些投资者购买一只股票时花费8元钱，希望股票价格能够上涨到9元钱，从而赚得1元钱的利润并将其出售。可当股票真的涨到9元时，这些投资者又犹豫了。这样，就相当于将本来只是投机的行为转化为投资，通常会错过很好的卖出机会，进而导致赚钱变成亏钱的情况。

无论是企业还是个人，要想财富增长，都必须制订出可行的计划。股票市场的投资者也需要明确自己购买每只股票的目标，而这个目标通常是赚到多少钱。

在市场中，投资者要想将风险降到最小，必须严格遵守操作计划并养成良好的操作习惯。

3. 止损时不拖

我们害怕的不是犯错，而是拖延。可以这样说，投资者的巨额亏损都是拖出来的。道理大家都懂，但是实际操作起来总是很困难。若无法克服自己的侥幸心理，那么在市场上就很难取得成功。

有一种分析理论认为，在证券市场投资股票时应该分散投资，因为投资品种不宜集中在一起。在我看来，这种理论或许适用于成熟的股市，但在新兴的市场，它并不适合。因为新兴市场的股票很多时候是具有类似的风险的，由于精力不足等原因，有时候把"鸡蛋"分开放在十个"篮子"里面，比全放在一个"篮子"里面，更容易"摔坏"。

4. 认清熊头避风

与庄家"斗牌"的技巧是要认清庄家的"牌面"，避免陷入他的圈套。这就好比在风口浪尖上，要找到避风的策略一样。

股市的形势瞬息万变，有时行情看涨，被人们称为"牛市"；有时则看跌，被人们戏称为"熊市"。在这样紧张的投资氛围中，投资者需要保持头脑冷静，提前了解市场走势，一旦发现市场进入熊市，要及时采取防范措施。

一般情况下，可以通过以下几个方面来判断并应对股指（或股价）

头部构建阶段或熊市风险。

第一，股价极高。天量（巨大成交量）的标准是随着市场规模和流通市值的增大而不断上升的，因此在每次行情中它也会有所不同。我们常常认为新的天量会不断出现，这使我们错失了卖出的时机。如果投资者不能确定是否为天量，就可以在成交达到新高时提前出局。如果一只股票的成交量达到了新高，但随后的成交量没有继续增加，那么天价（股价极高）通常会在随后的数天内（有时是同一天）出现。一般来说，见顶后的成交量会逐步减少，如果5日均量线跌破10日均量线，两条均量线的趋势表明可能会出现死叉，则可以确认头部已经形成。

第二，K线形态。通常情况下，即使出现了大幅下跌后的阳线，也不意味着该股票已经触底回升。在这种情况下，阳线往往只是为了抵御下跌风险而出现的逃离阳线。例如，某只股票出现大幅下跌，但第二天收出一根带有较长下影线的阳线，暗示可能已见底。然而，这种底部信号不可信，投资者应该抓住反弹时机逃离市场。

第三，均线系统。当强势股的升势趋缓时，5日均线会从向上昂扬转向走平。这时，应该提高警惕以防止随时出现调整。如果5日均线穿过10日均线，可能意味着头部正在形成。此时，股指有可能形成死叉。

第四，热门板块的热度下降。当领涨板块出现时，热门板块开始回落，由此引发冷门股的补涨，这表明大盘正在构筑头部。例如，网络股和科技股在盘中一直处于挣扎状态，但显然它们短期内难以恢复活力。

第五，投资者应当及时回避风险，并且在确认出现"熊市"，资金被浅套后，应该快速止损，避免出现由浅套变深套的情况。如果不及时采取行动，风险将会变得更大。

⭐ 恒哥心得

　　炒股是一种修行,试想一下,你能在空仓一个星期或一个月,甚至更长时间的情况下每天盯盘吗?这是一个十分艰难的坎,大部分人都难以跨越它。空仓也是一种操作,而且是高水平的操作。

　　只有在空仓的情况下,才能更容易赚取高额利润且避免市值回落的风险,因为只有学会冷静地空仓交易,才能获得更好的回报。不要因为空仓而害怕错过良机,因为股市中赚钱的机会是无限的。适时休息则是平常心的表现,那些不懂得休息的人也不会有效地工作。

　　其他股票都涨了,可你手上的股票却跌了,你是不是感到失落了?你是否因感到失落而有想要进行股票交易的冲动?你的股票涨了,而其他股票都跌了,你是否沾沾自喜了呢?若两者均存在,则表明你的心态比较浮躁,这是你需要迈过的又一个坎。

　　不因上涨而感到高兴,不因下跌而感到悲伤。股票的波动与主力介入时间有关,股票启动会形成自然的轮动。根据历史数据来看,除了个别超牛的个股外,大部分股票在一轮大行情中的涨幅都相差不大。只要有足够的耐心,机会将是平等的。

　　你是否因为股票跌破了重要支撑线而抱有侥幸心理?股票价格一路下跌时,你是否会一直期待股价反弹?如果这些情况你都有,那么你还需要继续走一段很长的路,这个坎也是最大、最高的,很多股民都无法跨越。

　　投资者应该在股票破位时果断离场,因为主力不会允许自己的股票随意跌破支撑位。

　　在股市中进行投机游戏时,会遇到很多挑战和困难,投资者仅凭一些技术手段并不能轻易地战胜市场,还需要耐心和智慧。炒股也需要耐得住寂寞,只有如此才能获得成功。

〈 第 三 章 〉

高手方法论

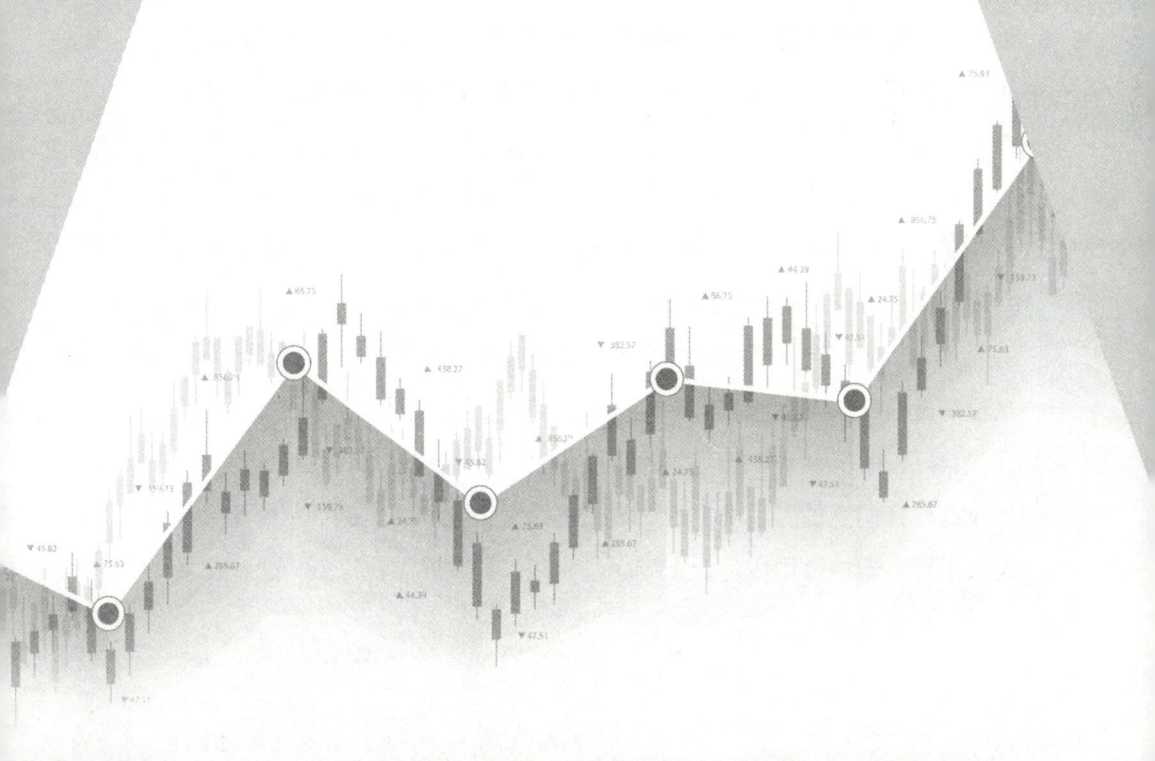

第1节 周线选股法

炒股不仅仅是简单的买卖行为，它背后蕴含着复杂的逻辑。每个人的交易体系、价值观，以及对待风险与机会的态度，都可以通过它来反映出来。建立自己的交易体系并严格执行操作规则是在股市中稳定盈利的关键，因为技术是股市交易的基础。即使市场行情再好，也总有一些人会亏损；而在行情不好的时候，有一些人却能够保持稳定，有没有自己的操作方法是主要原因。

使用周线选择股票可以实现很高的成功率，这非常适合那些没有时间观察股市的上班族。A股市场中，趋势的势头非常强劲，无人能敌。如果周线趋势变得更加强劲，那么向上的趋势就会变得非常明显。投资者在均线三金叉时入场，等待主力入场，就可以获得中短期的盈利。

周线选股法是值得推荐的一个方法，操作要点如下。

第一，选取指标。需要改变均线指标，使用的三条均线分别为7日、14日、60日均线，分别表示短期、中期、长期的趋势。

第二，周线要长期横盘。大家可能都听说过一种说法，就是股票在低位横盘越长，竖盘上涨就越高。因此，横盘是必须具备的条件。

第三，两个金叉。第一个金叉发生在7日均线穿过14日均线的时候，但仅这样我们还是无法确定是否该买进，因为我们需要确认第二个金叉是否出现，即14日均线是否上穿60日均线。如果股票在三五周之内出现了两次金叉，则预示着该股是强势股，未来可能会有一波大涨（如图3-1所示）。

前期横盘整理。

在三五周之内出现两次金叉。

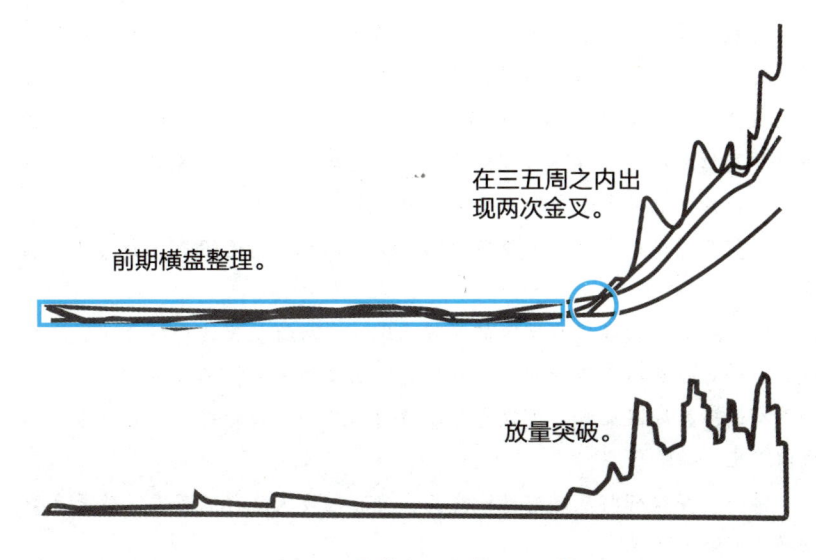

放量突破。

图 3-1　长期横盘后两次金叉示例

第四，金叉段出现放量。在两个黄金交叉点处，股票的交易量相比之前出现明显增加，这个关键的时刻投资者应该进行适量的投资，因为只有在出现金叉的同时，股价才有可能突破平台。因此，第二次金叉突破平台压力的位置是一个较好的进场点。

第五，在开始比赛前，需要选择一个优秀的赛道。例如，在当前减少碳排放的大背景下，氢能源受到政策的支持，这是一个值得长期看好的领域；再例如，由于预期业绩的确定性，军工产业的前景很好。只有选择能够持续看涨的股票，才能有长期的回报。日常交易中，投资者不仅仅要关注符合该形态的股票，还应结合技术面和各种指标（如PE、股东人数、机构调研次数等）进行参考，只有这些指标与周K线形态产生相互作用才能真正确定其价值。

恒哥心得

寻找优质股的方法是什么？所谓优质股，是指在大盘上涨时，该股涨幅超过大盘；而在大盘下跌时，该股的跌幅则小于大盘。一般情况下，每年会发生2~3次股市崩盘，投资者要在个股反弹并上涨2%时入场，在股市处于高位时离场。具体可以认准1~2个优质股，只买入并交易认准的股票。要在股市中寻找优质股，投资者需要持续进行长期观察。

我曾听到过一个老人的选股思路，他的话让我对选股有了新的认识和看法。

他说机会往往在股市下跌的时候出现，要好好把握这个机会才能取得成功。他曾经表示，市场回调是一种普遍出现的现象，不应该惊慌失措。如果有适当的规避策略，下跌也可以被看作是一种投资机会，可以重点参考以下几个选股条件。

第一，寻找那些底部有量能支撑，且涨幅较为平稳的股票。股票高低切换是市场普遍规律。

第二，指数回调时要么不跟随下跌，要么下跌幅度较小，这意味着这只股票具有一定的抗跌能力。

第三，股价已经停止创造新低，并且已经处于横盘震荡状态相当长的时间，之后股价打破了之前的下跌趋势，展现出有效的转折。

第四，目前股票所属公司的业绩尚无问题，并且基本面处于良好状态。这个要求基本上是必须满足的，同时也是股价上升的内在因素。

第五，如果出现明显的底部结构并进入阶段性底部结构，就会提前观察到指数见底，这类个股启动的时间将比指数更早。

第七，许多有具体题材支撑的股票资产，它们的涨跌没有一定的规律，即使它们的价格没有得到市场的认可，但可能经过一段时间的调整和修复后还是有机会突破的。

第八，如果股票无法站稳60日均线，就不必考虑其他因素了。若无法站稳60日均线，表示这只股票还没有满足上涨的必备条件。

第九，可以使用市场逻辑和依据进行研判，但不能凭空臆想。选股的目的并非即时获利，而是持续观察其运行趋势并等待符合预期判断的出击时机。

第2节　缺口选股法

如果股票市场方向不明朗，就不急于频繁操作，也不应过于贪心地试图抓住每一个机会，适当地休息，劳逸结合，也许会取得更佳的效果。只有会休息的人才更有能力炒股。有时候，投资者过于勤劳也许不是一件好事。

在股市投资中，重要的是深入理解和领悟市场情况，然后进行具体操作，而交易次数并不是最关键的因素。只要投资决策正确，即使每年只做一笔交易，也能获得相当可观的收益。如果投资思路不正确，即使一年进行上百笔交易，可能也无法获得超过银行利率的收益，甚至会出现反复的亏损。

1. 巧用缺口捕捉黑马

提到黑马，我们会感到兴奋，优质股票有时也像一匹黑马，但要抓住它首先需要自身具备实战技能。股市长期低迷的时候，行动比力量更为重要，股票成为一匹黑马并不容易。大家不妨用缺口来巧妙地捕捉黑马。

缺口、差距或跳空，指的是股价出现无交易的快速大幅波动，股价趋势图上出现真空区域的情况。今天最低价格比昨天最高价格还高，或今天最高价格比昨天最低价格还低，这两天的股价之间便存在一个缺口。这种缺口的跳跃方向和力度直接影响股票所带来的收益，缺口的大小也直接决定了兴衰力量的大小。投资者要尽力抓住方向和缺口。缺口分为普通缺口、突破缺口、持续性缺口和衰竭性缺口四种形态（如图3-2所示）。

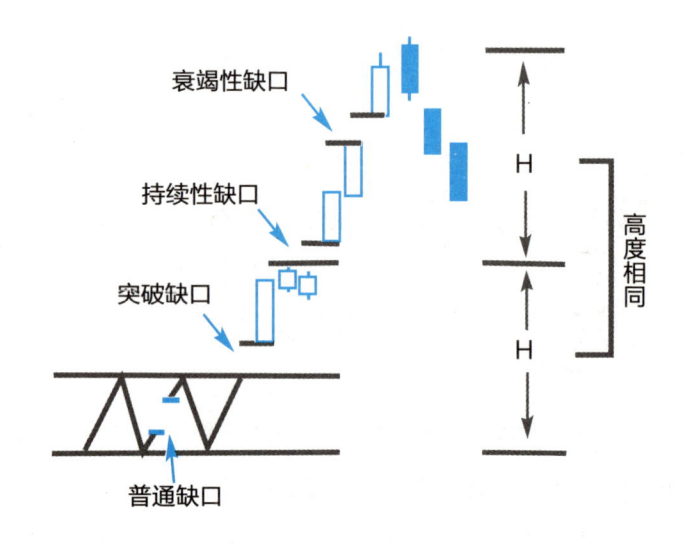

图 3-2　缺口形态示意图

高开后回档未补缺，随后又回升超过开盘价，判断为看多；股价高开并回档时出现缺口，随后再度回升，但不会超过开盘价，这种行情暗示看空的态势，同时可能会引诱投资者增加持仓；开盘价较低，随后上涨时应及时补仓，下跌时不应跌破开盘价，以此来吸引空头进场，而自己则看好市场；如果股票低开低走或回升时不补缺，就是看空的状态。

2. 普通缺口选股

第一，在密集贸易领域中，常见的缺口不会太大，很快就会被覆盖，而对整体市场的影响也不是很大。在这个过程中，不会出现太多偏离的股价上升或下降情况。如果股票具有良好的前景，但市场有普遍下跌现象，投资者可以考虑购买，因为这可能是低成本、高收益的投资机会。

第二，选取前20名的股票并注意CSI或板块，选择一只出现跳空缺口的股票作为替代品。

第三，从出现缺口到补缺，通常会存在3～5天的时间差，这段时间内可能会有5%～10%的利润空间，这时进行股票买进卖出是一种短期获利的方法，能够快速地赚取利润（如图3-3所示）。一般认为，突破缺口需要3天才能被填补，而且很少会超过5天，如果超过了5天，则会突破新高点。

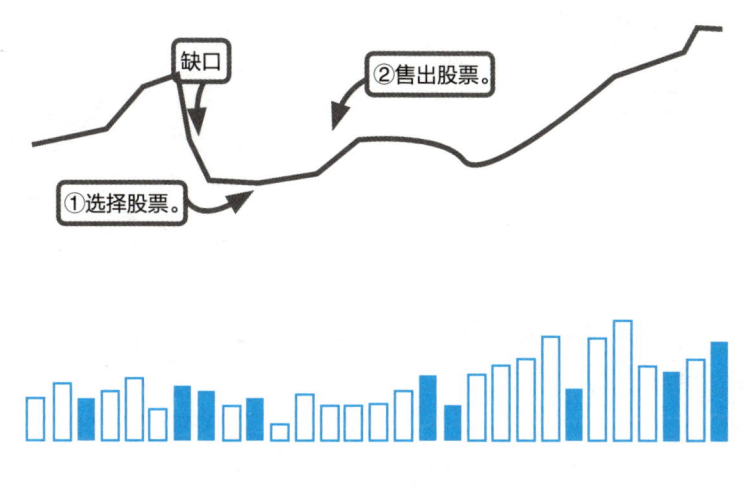

图 3-3　普通缺口短期获利示意

3. 突破缺口选股

一般的突破缺口（以日线为主）主要有以下三个形成条件：

第一，个股股价在低位。这个不太好精确定义，大家可以理解为大跌了50%以上的个股，很多个股都会处于这个状态。

第二，在底部形成一个显著的横盘走势，该区间时间跨度很长，并且经历了一段时间的震荡。

第三，出现了一个明显放量的大阳线，向上跳空高开并且越过了震荡区间的最高点。

突破缺口不仅有上升的形态，还有下降的形态（如图3-4所示）。

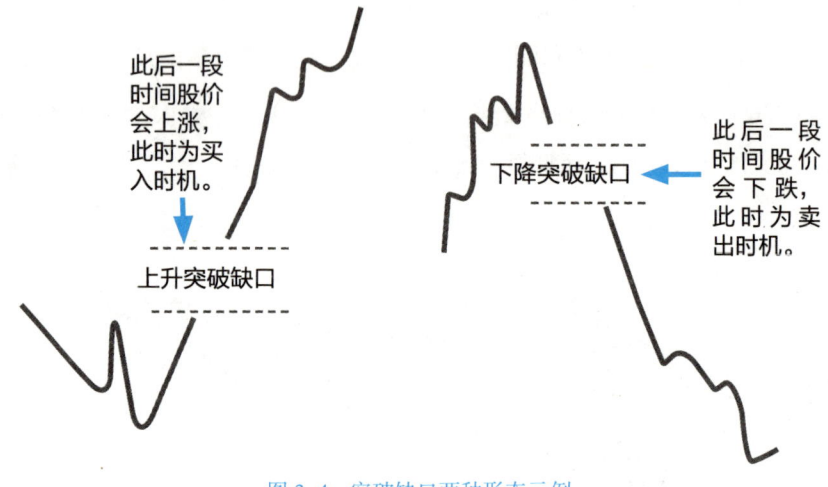

图 3-4　突破缺口两种形态示例

可以利用下降突破缺口预判股价底部，在合适的时机买入卖出，获得利润（如图3-5所示）。

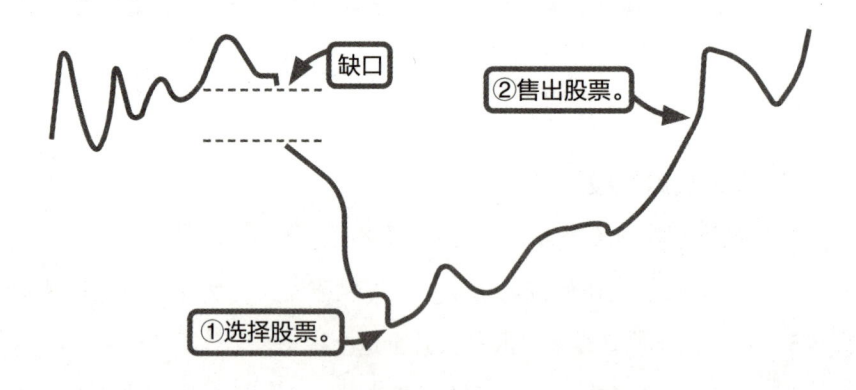

图 3-5　利用下降突破缺口选股示例

4. 持续性缺口选股

这种缺口形态通常被称为加速运动的缺口，在价格急剧上升或下跌时出现（如图3-6所示）。在这种情况下，股价通常会沿着原趋势继续运行一段时间。连续的跳空缺口代表着趋势的加速发展，并且此类缺口通常难以被填补。

如果股票的成交量很高，那么表示趋势会保持下去，这种情况可以归为强势的空头或多头趋势。在非常强劲的行情中，有可能连续多天出现逃逸缺口。

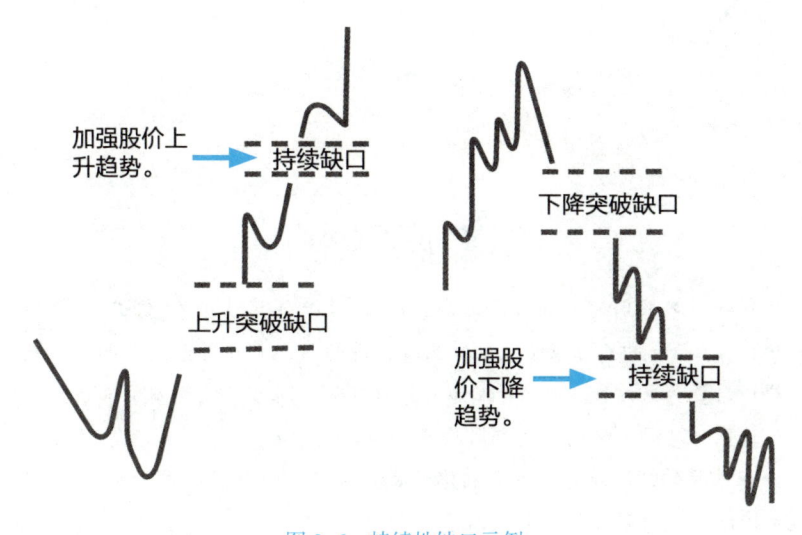

图 3-6 持续性缺口示例

5. 衰竭性缺口选股

股票价格即将到达趋势拐点时，通常会出现衰竭性缺口形态，这种形态一般出现在上涨趋势的末期，预示着趋势将会反转，并且很快就会被回补。持续存在的缺口如果被快速填补，就会变成衰竭性缺口（如图3-7所示）。

图 3-7　衰竭性缺口示例

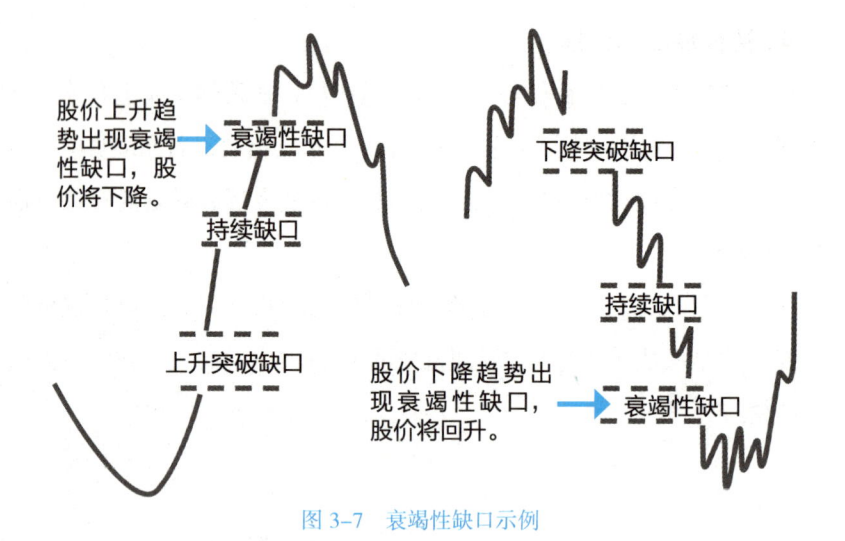

恒哥心得

第一，炒股时可以将资金分成5份，每次只使用其中的1份进场，严格采用10%止损点的止损策略，如果出现错误的话，总资金才减少2%，连续5次错误总资金也才减少10%。但如果判断准确，则可以设置高于10%的止盈点。你认为这种策略还会受到风险的影响吗？

在亏损的情况下，一定要固定住止损位置，千万不要往下移动，否则就会像温水煮青蛙一样逐渐深陷下去。

第二，当处于盈利状态时，应该持续提高止损点，避免出现返还利润的情况，例如在获得20%盈利时，根据盈利后总资金重新设置止损点。

第三，再次提高胜率的方法是什么？一个字，就是"势"！每次下跌后的上涨趋势都会造成黄金坑，而每次反弹后的下跌趋势则会诱使投资者买进。你认为赚钱更容易的是抄底还是低吸？

第四，只要达到了自己的要求，那么在进场时要更加坚定，在出手时要果断。炒股需要果断行动，投资者要具备强大的执行力，不应该犹豫或情绪化，否则会面临失败或者市场波动的风险。

第五，在市场活跃时才进行操作。那么何时市场才算是活跃的呢？最基本的判断条件是，股市收盘时大盘位于年线以上，总成交量达到万亿以上，股价涨停的股票数量超过50只，上涨的股票数量超过2000只。

第六，切勿在股票亏损后加仓。对于股票投资者而言，买入和补仓是不同的概念。在考虑是否继续买入某只股票时，应该先问自己，如果尚未持有该股票，是否会考虑购买，只有会的时候才能加，如果不会则不要尝试。

第七，应该避免过度沉迷于日内短期交易，因为小的波动更难以把握，这一点是不可否认的。毕竟天才交易大师利弗莫尔的理念也是：赚大钱要靠坐得住，而不是频繁交易！

第3节　K线黄金铁律：锤子线买进

股市是一个极具诱惑力的市场，尤其是保证金制度让投资者有了很多以小博大的机会。但在股票市场中，也有许多投资者遇到赚得少、亏得多的情况，并且这些投资者不知道该如何管理和分配自己的资金。

控制仓位是最基本的风险控制方法，它可以让投资者在交易时承受适当的风险，在市场中进行投资时更加安全、更加持久。

在进行股票投资时，止盈止损是非常关键的，因为这是投资者实现稳定盈利和控制风险的法宝。在这个世界上，许多事情是难以预料的，例如不稳定的、变幻莫测的市场，但是，投资者可以通过止盈和止损来控制投资的盈亏。

即使投资者进入股票市场时把握了100%的机会，市场的风险仍然不可避免。只有在恰当的时机，正确地运用止盈和止损的操作策略，才能在持续的投资过程中取得持久的盈利。

1. 锤子线买进，上吊线卖出

锤子形态的K线图中，"锤柄"即为其下影线，而实体即"锤子"则以短时间结束为特征。还有一种倒锤线，其形态看起来很像将锤子倒放在地上。K线图若要在底部出现锤子形态的反转趋势，必须在此之前先有下跌趋势；而上吊线则正好相反（如图3-8所示）。

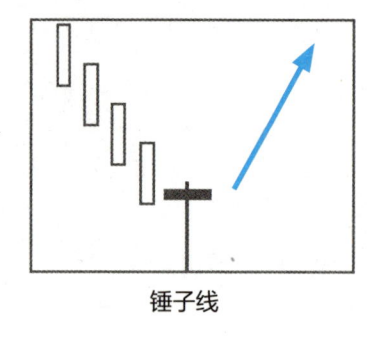

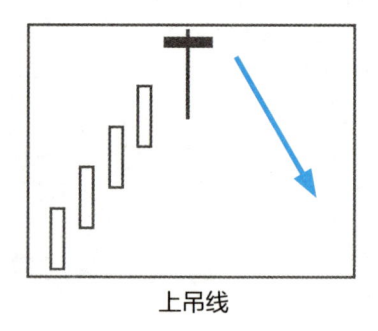

图 3-8　锤子线和上吊线示意

经历了长时间下跌后，如果股票出现了倒锤线形态，这代表多方正在试探性地向上"攻击"，并且这种行为属于试交易行为。如果投资者把筹码锁定在这种良好发展的股票上，就有可能启动积极的发展局面。当股价连续两天跳得很高时，可以基本确定当天的锤线是主要的测试行为，这也意味着卖家在前一天踩空了。

2. 技术要点

第一，锤子线可以在连续的两天内购买。

第二，在市场收盘的第二天，K线显示为正值。当阳线的收盘价数据高于锤子线的顶部时，反转的可能性将更大。

第三，上吊线出现后，必须通过其他看跌信号得到证实，这一点非常关键。上吊线实体与次日开市价之间向下的缺口越大，那么上吊线就越可能构成市场顶部。如果市场形成一个黑色实体并且其收市价低于上吊线的收市价，那么也可以视为上吊线有效的证明。

3. 注意事项

第一，这两种K线形态可以表示涨势或跌势。在运用这两种图线之前，必须确认之前确实存在一段上涨或下跌的趋势，而这两种图线分别出现在该趋势的最高或最低点。投资者最好等待之后K线的情况，以确定这两种图线。

第二，上吊线是常见的K线形态之一，了解上吊线的特点和内涵对于股票操作有一定的意义。上吊线是一种K线形态，形似悬挂的锤子，通常意味着股价在当日开盘时下跌或持平，随后市场持续震荡下跌，只有在收盘时，股价才会被推高，并在高位处停止，留下一根长影线。

一般来说，当出现上吊线时，往往意味着股票价格到达顶点，此后的市场趋势往往是看跌的。上吊线的一般形态特征是，在股票上涨过程中，出现一个小实体，位于K线顶部，实体的颜色不影响其特征，而实体下面的下影线长度一般比实体的长度长很多，至少是其两倍（如表3-1所示）。

表 3-1 上吊线的相关情况

上吊线	上吊线 K 线组合	主要特征	技术含义	提示
		1. 出现在涨势中； 2. 阳线（或阴线）实体很小，下影线大于或等于实体的两倍； 3. 一般无上影线，小数会略有一点上影线。	见顶信号，后市看跌。	实体与下影线比例越悬殊，越有参考价值；如吊颈线与黄昏之星同时出现，见顶信号就更加可靠。

第三，在整个价格区间的上端，锤子线和上吊线有着相似的实体，且下影线的长度必须是实体的两倍以上，即使有上影线存在，其长度也极短。一般情况下，出现锤子线或上吊线后，需要通过后续的K线来确认其是否是反转形态。

第四，锤子线和上吊线本质是一种图形，只因位置不同而称呼不同。锤子线是股价经过一段时间的下跌后出现的一种形态，必须有一定的跌幅，且处于阶段性周期的底部。而股价经过一段时间的上涨后，涨幅相对较高的位置出现的相同图形则被称为上吊线。如果锤子线的实体是白色，更具有坚挺的意义；而如果上吊线的实体是黑色，则更具有坚挺的意义。

在双锤子线中，收盘价应该会逐渐升高；在双上吊线中，收盘价则应该逐渐降低。大阴线后出现的锤子线或大阳线后出现的上吊线，通常需要等待后续K线的确认，才能被视为反转形态。

4．操作方式要简化

要追求简单，就必须舍弃患得患失的心态。只有构建一个简单的交易体系骨架，才能达到稳定盈利的目标。投资者的最优先目标是稳定盈利，为此只能放弃一些必须舍弃的事情。由于市场中的变数太多，一个足够复杂的市场无法通过足够复杂的操作来处理，否则可能会破坏整个交易体系。

但是，追求简单的同时，投资者必须承受无数的读书笔记、无数的交易日志和无数的交易经验变成无用之物的煎熬。投资者还可能由于缺乏话题而变得沉默，还要面对各种技术难题，这一切都相当具有挑战性。

⭐ 恒哥心得

第一，永远不要满仓。我们谁都无法完全准确地预测市场走势，而满仓相当于孤注一掷，不给自己留下纠错的机会。如果策略正确，情况还好，但如果出现错误，就可能遭遇股票滑坡，对自己的操作计划和炒股心态造成严重影响。

第二，股份不要持有太多。每个人的精力是有限的，其掌握的知识的深度和广度也是有限的。股票持有量的增加会导致对投资者的精力和知识的要求增加。建议资金在20万以内的散户最好不要持有超过3只股票，资金在50万以内的不要持有超过5只股票。

第三，设置好止损点，确保风险控制。投资者在买入股票后必须设好止损点，没人能够完全准确地预测股票的未来趋势，因此在发现预测错误时，依据止损点立即改变策略是非常必要的，并且必须要严格执行。在一般情况下，对于短期投资的股票而言，止损点通常设置在下跌10%左右；而对于中长期持有的股票，则应该将止损点设置在下跌20%左右。

第四，盈利果断加仓，亏损果断离场。果断加仓是为了增加盈利，果断离场则是为了避免亏损。为了降低风险，我们在购买股票时应先采用小仓位试错的策略，通常第一次购买时我们只用购买三成仓位。如果购买后出现盈利，即具备了安全垫，我们才能适度增加持股仓位。在买入股票后如果遭遇亏损，一旦到了设定的止损点，就必须毫不犹豫地立即止损。

第五，及时止盈。真正的落袋为安是分批把本金抽出来，让利润自行增长，这样之后的操作就不用承受任何心理压力，持有股票的心态也会更加良好。

第六，绝对不购买任何ST股票。一个人最好只做自己能力范围内的事情，投资股票也一样。ST股票存在较大风险，并且有可能导致投资者无法收回本金。尽管这种股票存在"乌鸡变凤凰"的可能性，但我不建议投资者冒险去赌这种概率微小的情况。

第七，坚持进行复盘。每个周末都回顾一下近一周的操作，对得失进行总结，找到存在的问题并着手改进。通过复盘，投资者才能不断提升自己的盘感和看盘能力。

> 第八，要学会休息，不要每天都在交易。市场在调整期时，如果没有合适机会的时候，投资者可以利用这段时间来调整自己的心态，这也是一种修行。

第4节 突破进场法

突破进场法指的是等待股价突破横盘调整区间或阻力位时再进行买入操作。这种情况下，时间即金钱，所以必须在突破时进入。

在股票处于磨底震荡阶段进场，是非常浪费时间的，因为不知道这只股票何时会启动，有可能横盘一年，这就白白浪费了投资者的时间。

因此，为了节省时间，我们可以选择在股价突破时介入，跳过等待横盘调整的时间。假如股价成功突破，我们可以先稳住坐着"吃肉"，等待股价拉升；如果股价突破失败或者是假突破，我们可以及时止损离场，并等待下一个机会。

1. 突破进场的股票的选择

股票投资领域有一种说法是"横有多长，竖有多高"，就是说股票横盘的时间越长，它向上爆发的能力就会越强。

股票横盘时间长，说明主力已经在底部积累了足够多的资金，蓄势待发。因此，我们应该选择那些在低位区间横盘较久的股票。

2. 进场点和离场点的把握

激进一些的投资者在发现股票突破时就可以马上跟进，但如果碰到假突破，股价重新回落到突破位以下，那么就必须及时止损。如果想要更稳妥的做法，投资者可以等待突破后再回踩支撑时入场。这样做可以减少止损的时间，因为一旦支撑被突破，就可以及时止损。此外，如果股票能够回踩支撑并保持稳定，则说明后期的上涨空间更大。

3. 轮动的判断

轮动的判断，简单来说就是在适当的时机买进攻势强劲的大阳线，避免震荡或筑底的时机。这其中有多种不同类型的走势，其中一种是指股价经历了震荡后快速反弹并形成大阳线。虽然这种类型的走势非常强势，但其延续性较差。

另一种情况是当股价在布林线（BOLL线）上轨附近启动主升浪时，其走势比板块更加强劲。这样的股票通常都具有很强的支配力，并且常常能够成为龙头和领头羊。

轮动的关键在于准确把握时机，以及灵活地切换蓝筹股和题材股。

★ **恒哥心得**

炒股是一种概率游戏，如古人所说"尽信书，则不如无书"，投资者不能完全相信书本上的技术方法。没有百分之百成功的方法，投资者需要结合实际情况和其他因素，在操作过程中逐渐提高胜率，才能获得成功。

最关键、最重要的是先梳理清楚思路，因为思维是最核心的。在同一上升趋势中，不同的概念和板块的股票，其股价上涨所持续的时间和涨幅也各不相同。

为了满足大资金的需求，投资者必须判断哪个是主线，哪个持续性和强度更高。只有持有股票的持续性和强度足够，同时热度也高时，才有可能实现真正的收益，否则投资者只会付出不成比例的代价。

有许多股民不清楚如何评估某个股票的热门程度，实际上就是要考虑该股票所属的题材是否有发酵的可能，以及该题材发酵时可能的持续时间。题材股是否会持续火热发酵及资金是否认可，取决于后续是否有新的资金推动。

很多人认为股票交易很困难，主要是因为他们追求速成，却并没有实际行动。很多人总是听信谣言，没有掌握基本知识，又不愿意花时间提升自己的知识水平，在股市中盲目跟风，导致亏损惨重。

投资者想在股市中长期获得回报，就需要不断学习和提升认知，因为炒股是一种脑力劳动形式，没有付出就没有持久的回报。

在"七亏二平一赚"的市场中，要想成为那10%的赚钱的人，就必须比其他90%的人付出更多的努力。我们应该相信：任何收获都是通过劳动获得的，任何亏损都可以通过努力劳动弥补！

股市的公平之处在于，通过运气赚到的超出认知水平的收益，最终都会因实力不足而亏损掉。股票投资活动中最令人痛苦的并非一时的亏损，而是在意识到获利机会时却为时已晚。

投资者应该从基础知识入手，逐步积累知识和经验，实现量变产生质变，达到稳定获利的水平。

第5节　涨停龙抬头战法

如果投资者想在短期内得到高收益，那么涨停龙抬头战法是一种非常有效的方法，因为它是连续涨停时获利最多的方法之一。

1. 涨停龙抬头形态

涨停龙抬头形态是指涨停板后大量筹码在涨停板上方持续洗盘，调整期间股价收盘价不破涨停板交易日的收盘价，目的是避免投资者购买低位筹码。

高位逼空是涨停板里最强的形态之一，它的调整属于高度控盘。当股价经过调整后再次出现涨停板，这便是标准的入场点。因为，在后市可能会出现连续性涨停的情况。

投资者只要抓住以下三个要点，就有可能获得意外的收益（如图3-9所示）。

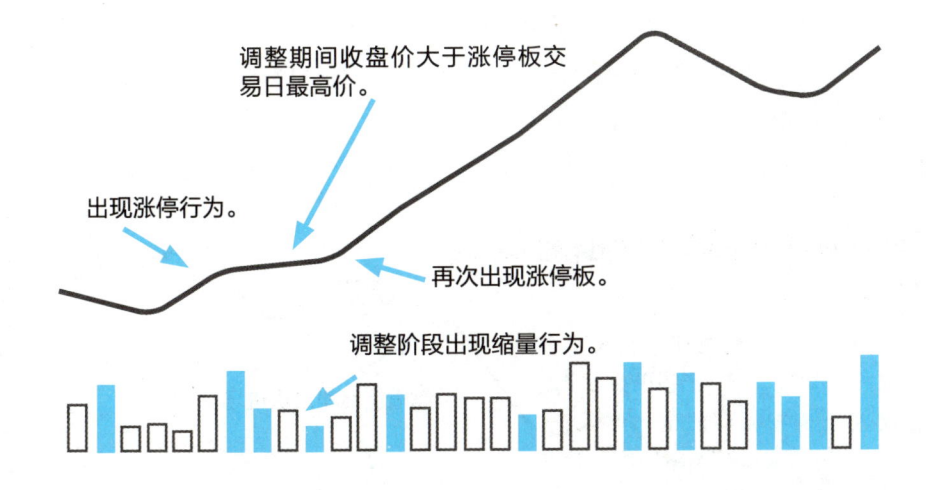

图 3-9　涨停龙抬头形态示例

第一，最好将出现涨停板后的调整周期控制在7个交易日以内。强势个股调整周期越短，其爆发的力度就会越强。如果调整周期过长，则很容易产生多空分歧，从而出现继续洗盘的动作，此时，无论后市如何看好，最好的策略是退居场外观望。

第二，涨停后的调整期间最好有缩量动作。因为如果持续放量，就很可能是主力在获利出局，所以缩量是一个相对安全的信号。

第三，涨停板出现后，最好选择调整空间较小的位置进行调整。此外，筹码高度集中的地方也是主力持续吸筹的区域。高位吸筹伴随着大量的资金垫盘，当股价持续不降时，一致看多的投资者会以高价买入股票。在多头方向一致的情况下，股价会更容易上涨。因此，投资者应该低吸观望。

2.K线形态战法

K线形态战法是我从涨停龙抬头实战过程中总结出来的，它一般在上涨过程中出现，特点是有一根缩量大阴线洗盘，但第二天收盘时会出现一根放量大阳线来"收复失地"，甚至可能出现反包阴线的情况（如图3-10所示）。

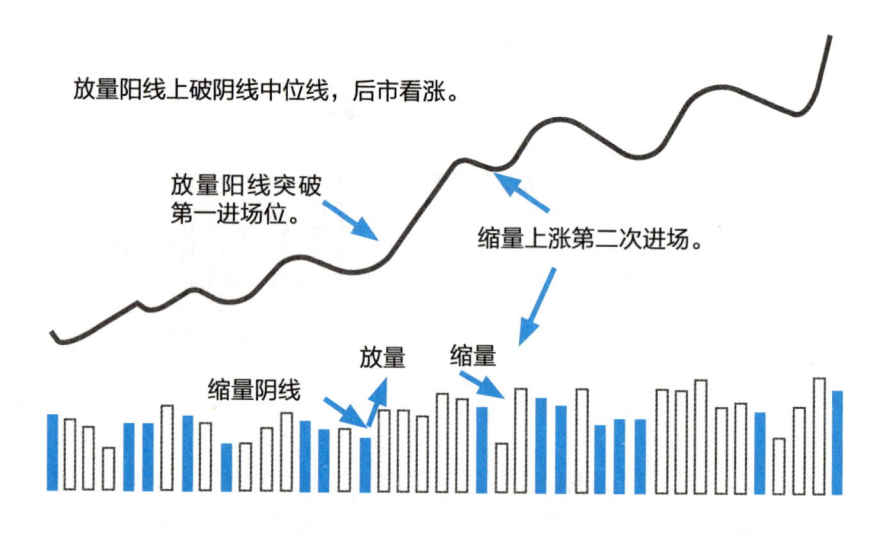

图 3-10　K线形态战法示例

这种战法包含四大技术要点。

第一，判断行情时需要注意阴线的类型，必须是缩量中阴线或大阴线，并且要关注阴线的中位线，因为中位线代表着压力位。如果第二天出现阳线并且上破了中位线，说明行情良好，如果有足够的成交量配合，可以考虑介入。但如果第二天阳线不能上破中位线，表明行情较弱，此时建议以观望为主。

第二，阴线必须跌幅超过4%，并且是缩量阴线。缩量表示主力正在洗盘。第二天的中或大阳线必须伴随着放量，并且要突破前一天阴线的中位线。如果主力非常强，甚至可能会反包阴线。这是非常强烈的做多信号，也是一个介入机会。

第三，这个方法的精髓在于将量和价联系起来。如果第二天有阳线破了中位线，但没有伴随着放量，那么很可能是主力在试探市场，假装要上攻，之后市场可能会反复震荡并反复洗盘（如图3-11所示）。如果次日的阳线既不突破中位线，又出现了缩量的情况，那么对于这种股票就不再考虑持有，必须立即平仓退出（如图3-12所示）。

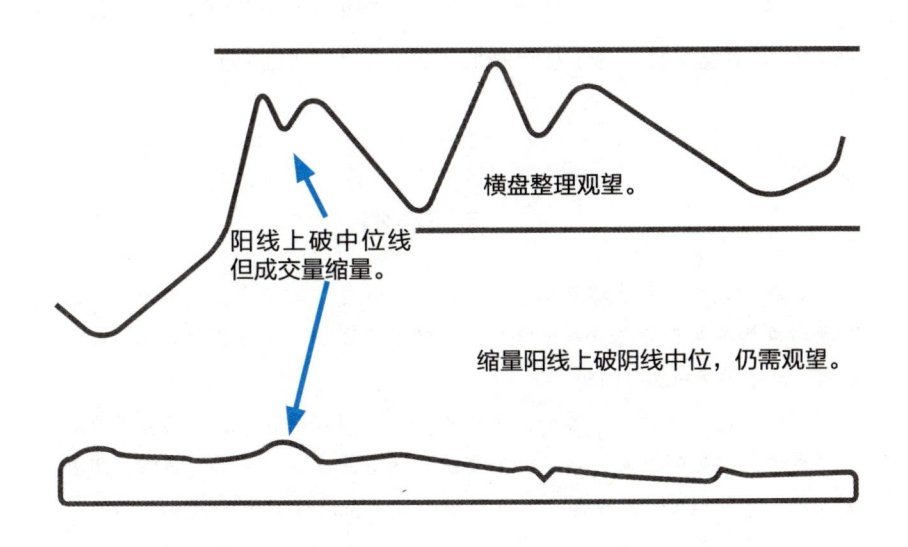

图 3-11　阳线上破中位线但无放量示例

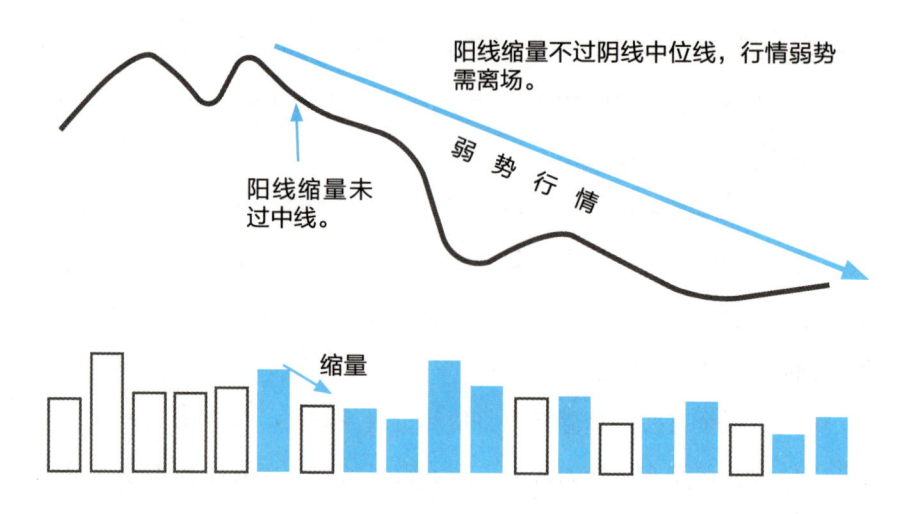

阳线缩量不过阴线中位线，行情弱势需离场。

阳线缩量未过中线。

弱势行情

缩量

图3-12　阳线未破中位线且无放量示例

第四，我们在介入市场时，需要做好止损措施，将止损点设置在K线组合下方1~2个点的位置，只要不跌破这个位置就算安全，一旦跌破则意味着行情出现反转，为了尽早降低损失，需要及时离场。

⭐ 恒哥心得

我在炒股中，一直非常推崇一个原则，就是"六不进，七不出"。这个原则虽然不能百分之百保证准确，但只要投资者结合自己的实际情况来使用，就能避免90%的陷阱。

"六不进"指的是：第一，不要购买高价利好的股票；第二，不要购买偏离均线过远的股票；第三，不要购买跳空三连阳的股票；第四，不要买入换手率超过40%的股票；第五，不购买高位放量巨大的股票；第六，不要购买尾盘急速拉升的股票。

"七不出"指的是：第一，不要卖出因涨幅过大而发出风险公告的股票；第二，不要卖出MACD指标出现水上金叉的股票；第三，不要卖出横

> 盘起爆的股票；第四，不要卖出低位出现向上缺口的股票；第五，不要卖出尾盘急跌的股票；第六，不要卖出筹码单峰密集的股票；第七，不要卖出上升趋势的股票。

第6节 涨停回马枪战法

股市中，如果投资者手中持有的股票能够涨停，那就是一件非常令人欣喜的事情。要购买到能够涨停的个股并不容易，毕竟我们谁都没有办法准确预测一只股票何时出利好，何时会上涨。但我们可以采取另一种的策略来进行交易，即在个股涨停后，等待回调并在此时选择合适的时机介入。

如果一只个股能涨停，那么一定得到了资金的认可，因为如果没有大资金涌入，只凭散户是难以集结力量将其封住使其涨停的。

涨停回马枪战法的核心就是通过观察大额资金的动向，紧跟它们的足迹，以稳健的方式获取可观的收益，这样做既安全又划算，很值得投资者参考。

下面我们将详细说明涨停回马枪战法的操作技巧和几个需要特别注意的要点。

1. 选股

每日将涨停板上的个股筛选出来，并加入自选股中，就能轻松地选出涨停个股。需要留意的是，应该筛选掉那些基本面出现问题的股票，例如所属企业长期亏损的、连续多个季度业绩下滑的、经济状况不好的、大股东最近要减持股份的等。此外，还要排除那些整体下跌的、没有热门主题或概念支撑的股票，以及短期涨幅过高的股票。

2. 形态

股价若不再下跌创新低，则投资者可在底部盘整期间或缓慢上升趋势中等待。此时均线系统会逐渐拉平横盘，MACD指标趋势向好，可能稍微有上涨的趋势。在涨停之前，先有几次放量小幅拉升，而且缩量回调之后，又逐渐缓慢放量上涨，则更为理想（如图3-13所示）。

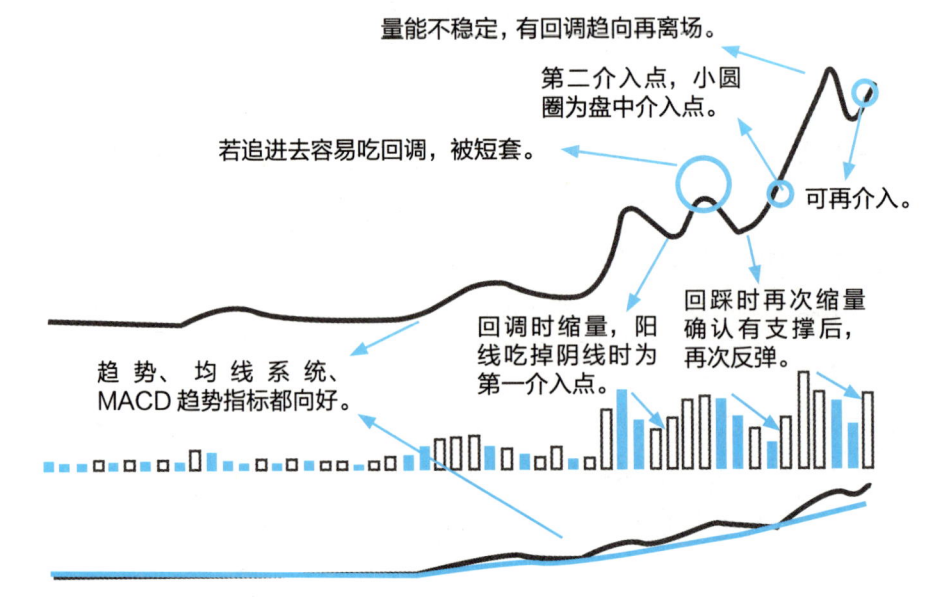

图3-13　涨停回马枪形态示例

涨停时应注意量能，最好不要超过过去两年中的历史巨量。最佳情况是涨停板能够突破之前的某个压力位。

3. 等回调

在股价回调时，量能会逐渐减少，最好在途中出现一根中等大小、跌幅在3%～6%的阴线，或者大幅低开的十字星，并伴随着明显的止跌信号，如一根或几根小线体（小十字星、锤头星、针尖探底、小阳线或小阴线等）止跌。

最佳的回调周期为3～11天，如果过长则会导致人心涣散，不利于之后的反弹或拉升。如果回调发生在二板或三板之后，那么回调周期不会超过7天，且回调阶段的股价不应有效地跌破涨停板的最终支撑位，以确保涨停板不会被完全消耗。

如果股价经历了涨停，之后高位横盘调整但没有下跌的话，那么可以在股价再次放量拉升到高点时介入（如图3-14所示）。

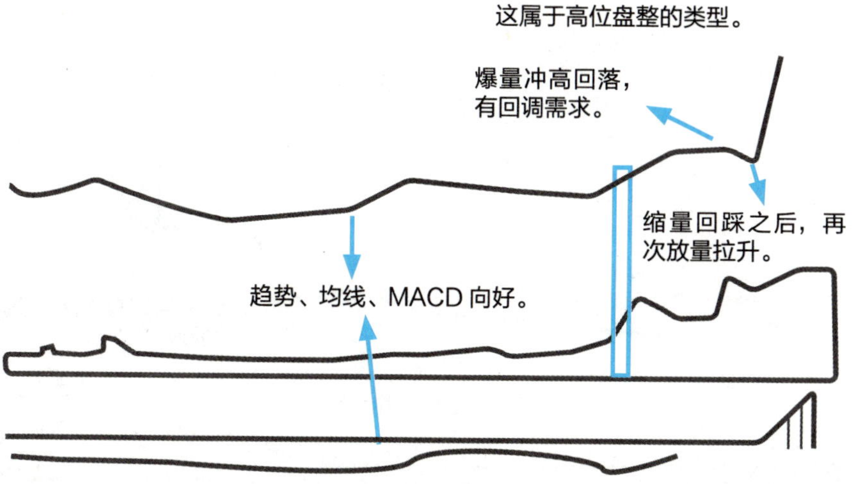

图3-14 涨停后高位调整示例

4. 介入时机

在股市下跌后，我们不能预测反弹的幅度，因此需要等待，并且观察反弹时是否有较高的交易量。当反弹过程中出现跌幅在3%～6%的中等程度阴线，且吞没了此前下跌的最后一根阴线时，第一次购买的时机就出现了。

如果股价回落，投资者就需要留意反弹时吃掉中阴线的阳线支撑是否有力，如果支撑无法维持，则需要卖出避险；如果支撑有效，那么可以再次买入，等待放量上攻，然后在股价反弹到那个阳线高点时进行第二次买入。我们可以分配仓位来布局，先在第一介入点投入三成仓位，再在第二介入点追加三成仓位。

要想反弹有希望，必须出现一整根有力度的大阳线，不能是仅仅吃掉几根中阴线的阳线。实际上，止跌后的巨大上涨趋势会形成一个类似于晨星的结构（如图3-15所示）。

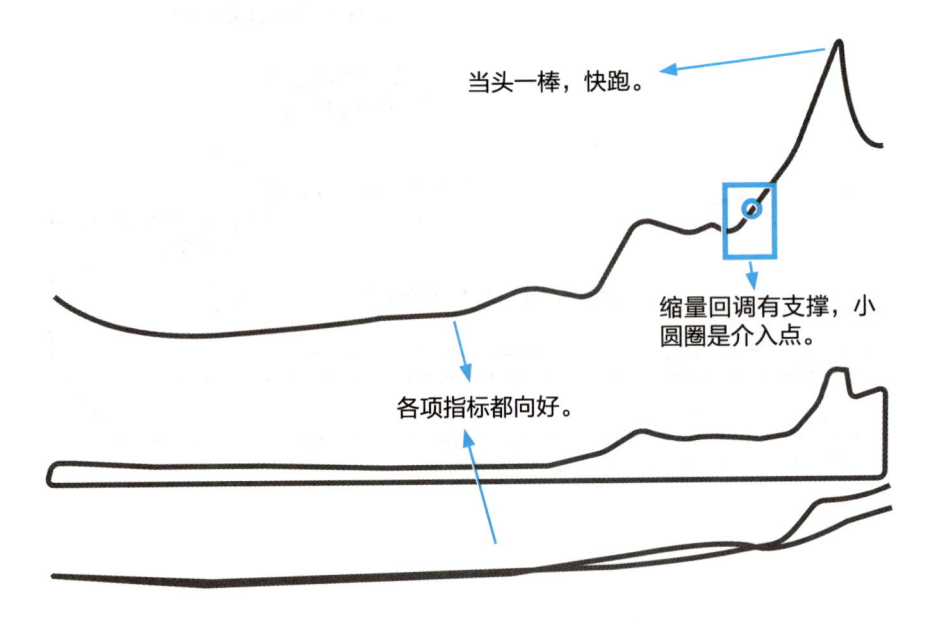

图3-15 止跌后上涨形成晨星结构示例

5. 应变措施

如果投资者介入后股价量能无法有效释放，那么只能考虑减仓或者退出市场。经过回踩确认后再次上攻时，如果出现力度不足的情况，投资者也只能选择离场。当在反弹过程中出现明显上攻无力的情况，同时趋势显示可能再次回调时，投资者应采取离场操作。若反弹到前高点后，无法稳定站在前高点的支撑线上，投资者也需要离场。

反弹周期为3～7天，反弹阶段内投资者最好不要持有股票，且股价在3～5天内不会涨停，投资者需要在反弹期结束前出场。若股票出现了涨停板，投资者即使看到巨量交易也不可继续持有，需及时离场。因为该股票极有可能重新回落，若回落时符合条件，则可再次买进（如图3-16所示）。

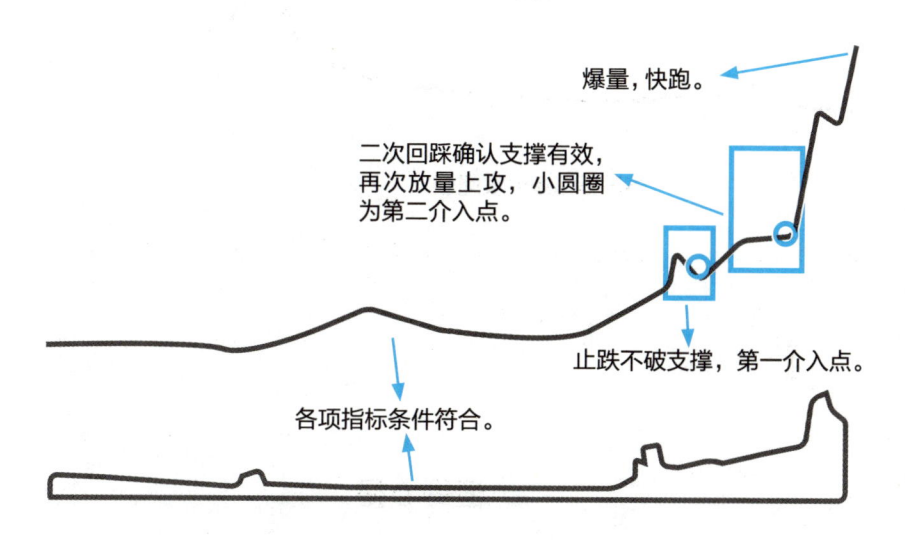

图3-16 涨停板后回落需及时立场

需要再次强调的是，有许多人建议在股价上涨到较高水平时再进行介入，虽然这种做法并没有错，但在涨停回马枪战法中，这不是最佳介入时机，此时介入的价格也较为高昂。

股价可能会在当天创出新高后，在交易时间内出现冲高回落的情况，这可能导致持股者直接被套。如果量能跟不上新高点，并且MACD指标出现顶背离的情况，那么股票就会进入调整阶段。

或者股票在创新高后，可能直接进入回调周期以确认支撑是否有效，如果投资者追进去，容易遭遇调整期并被套牢（如图3-17所示）。

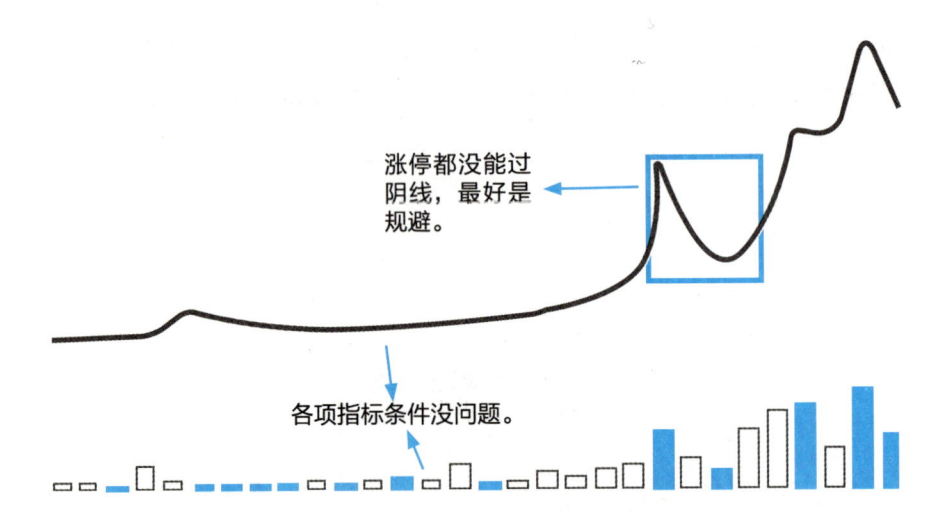

涨停都没能过阴线，最好是规避。

各项指标条件没问题。

图3-17 创新高后回落示例

恒哥心得

股票投资其实并不需要过于忙碌，也不应该贪心地追求每一个机会。当市场方向不确定时，适当的休息与劳逸结合可能会带来更好的效果。炒股炒得好的人，往往是那些合理休息的人。有时候，投资者过于勤奋并不是一件好事情。进行股票投资时，投资者应该避免长期频繁地操作。

判断市场的具体走势是股票投资中至关重要的一环。当趋势向上时，应当积极进行多头操作；在形势不利时，需要学会暂时停歇。

许多投资者不遵循这种方法，他们无论股市冷热，都持续进行操作，就像勤劳的蜜蜂一样，为了追求小小的利益而不断地忙碌着。但往往他们不仅会白费力气，而且会面临更多的危险。

当交易系统发出买入信号时，在确定指数、板块以及个股的买入条件后，投资者就可以开始建仓。一般情况下，建仓时需要使用总资金的40%，而在熊市反弹和猴市时，这一比例一般为20%。

当购买股票后的亏损达到建仓资金的5%（即总资金的2%）时，投资者需要按照交易系统的一般规定进行平仓。股票下跌2%~3%时，投资者可以减半仓位，并将止损点下调一些。

如果建仓亏损超过总资金的2%，投资者就必须止损，并且至少几天内不再建仓。这个规则有助于避免冲动购买，同时也能增强对建仓的谨慎性。做好止损操作也能避免市场调整或板块整体下跌而产生的亏损。此外，千万不要用亏损仓位来补仓。

若股票继续下跌，损失将加大，资金比例也将变高，这将使得投资者止损更加困难，从而进一步被套牢。对于投资者来说，套牢是一种绝对要避免的情况，它意味着总资金损失超过10%。

很多投资者试图弥补损失的操作是不专业的，这样一来，如果后来利润上升，他们尝到甜头，就会成为习惯。有人可能会质疑："这也许是一个短期的调整，谁能确定它不会转变成中长期的头部呢？"因此，真正的中长期头部是否到来还是未知数，这些投资者就不断地追加投资，导致总投入不断增加，但结果却是越来越糟糕，亏损也越来越严重。最终获利变成了亏损，亏损又加剧为大亏，一些投资者因此心态失衡，感到伤心失望，选择离开市场，而他们止损的位置其实已经离市场底部不远了。

当真正的上涨趋势出现时，这些投资者要么因为高位买入而没有资金，要么因为蛇咬效应而不敢再次介入。

第7节　龙回头战法

我曾经在公园散步时认识了一位已经炒股30年的老前辈,他向我展示了自己的炒股方法,年收益从未低于60%。我对他的方法进行深入研究论证后,得出了龙回头战法。股市中流传着一句老话——千金难买龙回头,这主要是因为龙回头后会出现一大段上涨行情。很多投资者错过了第一轮行情,眼看着股价上涨却无法获利,但这并不要紧,因为第二轮行情比较容易捕捉到,所以我们只需等待第二轮行情即可。

1. 龙回头形态的辨认

第一步需要先找到一个大牛股,它必须尽可能"牛"。第二步是选准一个调整阶段,该阶段的目的是准备下一轮爆发,因此需要缩减交易量。第三步是要进入一个蓄势待发的企稳阶段,此时交易量会继续减少,说明市场在进行洗盘。第四步,我们需要等到一根阳线信号作为接入点,该信号告诉我们反弹爆发即将开始(如图3-18所示)。在企稳阶段寻找信号的位置,对许多投资者来说是个不错的选择,因为他们通常不清楚信号的位置。

2. 企稳阶段的时间

一般来说,在行情稳定的情况下,可能会有15日到30日的企稳过程发生,而在震荡市场中,这种情况则比较常见。

在市场不景气的情况下,60日的企稳仍然是常见的现象,特别是在熊市来临时，在第一波下跌行情调整到一半时，股价下跌的幅度逐渐减小，会出现企稳现象。

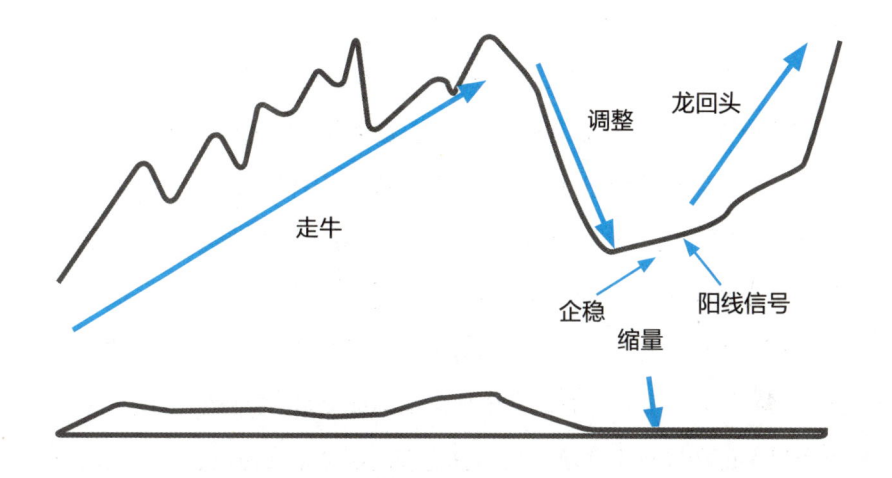

图 3-18　龙回头形态示例

3. 龙回头形态的涨幅

使用龙回头战法时必须注意控制心态，不要带着过高的期望，有时候只是个反弹，涨幅不会像之前那样高。而真正的赢家是能够控制收益的人。每个人在市场中都有着自己的原则和方法，都应该坚守自己的原则并严格实行自己的方法。

4. 龙回头战法的原则

我经历了很多次牛市和熊市的考验，风雨兼程，到如今也有所收获。在这个过程中，我不断摸索和总结，逐渐熟悉了市场的规律。我在市场中最赞同的是坚持原则，只有坚持原则才能做好一件事，也只有遵守规矩才能让自己保持理智，不被内心的贪婪所左右。龙回头战法的原则主要包含以下几点。

第一，必须有充足的资金来支持。以科技板块为例，只有与热点话题相关的股票，才会得到足够的关注和投资资金。众所周知，股市是资本运作的领域，只有拥有充足的资金才能提升市场的活跃度，投资者也才有可能获取收益。

第二，只有出现两个以上的涨停板，才能进行该操作。有一句俗话是"有二就有三，有三必有五"，这也是股市中抓涨停的秘诀。只有在一只股票的涨停板数量超过两个时，后续股价才有很大可能出现反弹。

第三，在一次主升浪的行情中，整理周期最好不要超过8个交易日，因为过长的调整时间可能暗示着这只股票存在问题。

第四，龙回头在启动之前，最好先进行放量堆积。另外，当"龙头"开始"回头"时，高点最好没有出现大量的成交量（如图3-19所示），这样就可以保证在股价上涨前，主力有足够的资金来支持，也能满足高位主力暂时不出货的需求，这样行情再次上涨的可能性就会非常大。

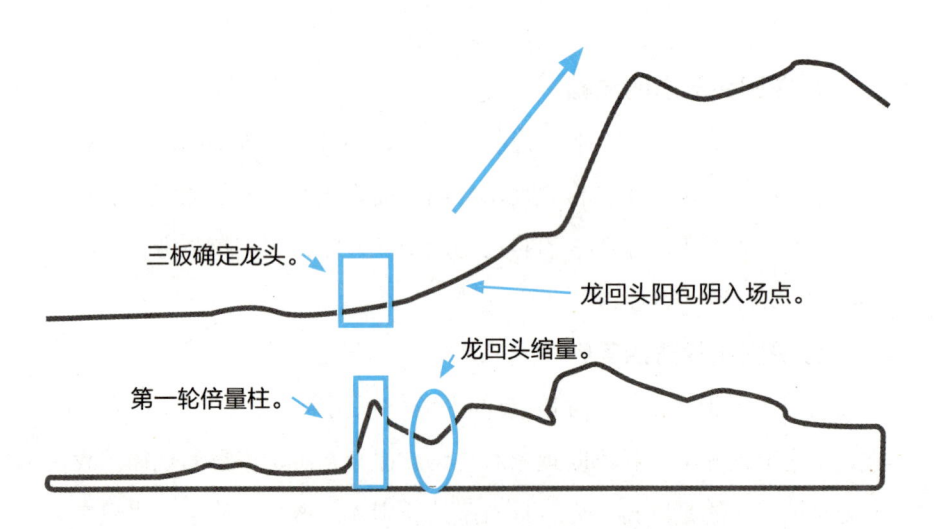

图 3-19 龙回头启动前放量堆积示例

5. 龙回头战法的注意事项

第一，最佳的进场时机是行情完成一次升浪后，进行二次升浪前的调整阶段。

第二，注意可能突然出现的快速回调的情况，这种情况会打断龙头股的上涨过程。如果当日的低位放量反弹出现在分时图上，那么当天的回调应该是主力洗盘的结果，其目的是震出一部分散筹，随后在低位快速吸收。通常情况下，第二天股价会快速拉升。

第三，回调时间不宜过长，因为真正的强势龙头股在快速拉升过程中不会出现长时间的调整。一般情况下，股价很少跌破5日均线和10日均线。即使股价下跌，通常也是对浪体级别的调整导致的，但是这种跌幅通常不会持续超过8个交易日（如图3-20所示）。

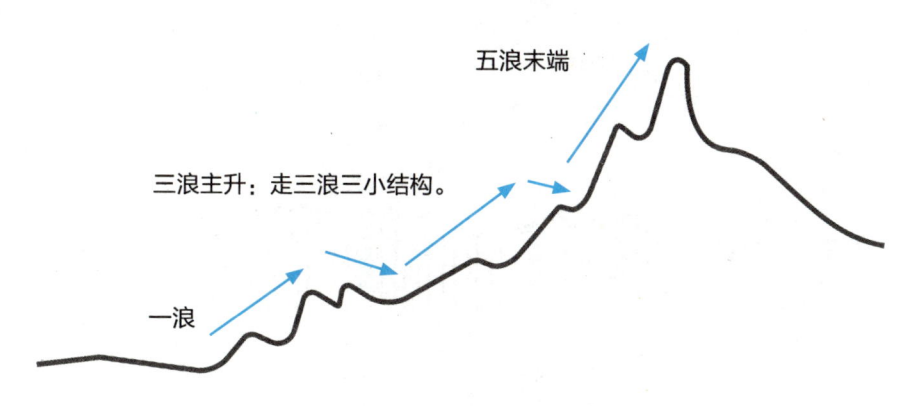

图3-20 龙回头的多次升浪和短期调整

第四，有时候，大盘原因也会导致回调。龙头股在主力放量不够的情况下，资金没有及时撤离，通常会在之后以极快的速度再次拉回，此时有机会进行短期投资。

第五，龙头启动并进行第一次封板后，若发生回调，就可以选择介入。投资者最好在回调时选择较低的介入位置，但如果股票价格跌破当天开盘价的话，就需要考虑止损。

第六，注意"龙回头V型转折"的情况。当MACD指标出现金叉或者一直在0轴上方时，表示这时的行情利好。如果股价突破前期震荡整理的最高点，这就意味着出现了一个介入机会。在股价迅速上涨并突破前高之后，可能会回调并测试之前突破高点形成的支撑平台，这是第二次介入机会（如图3-21所示）。

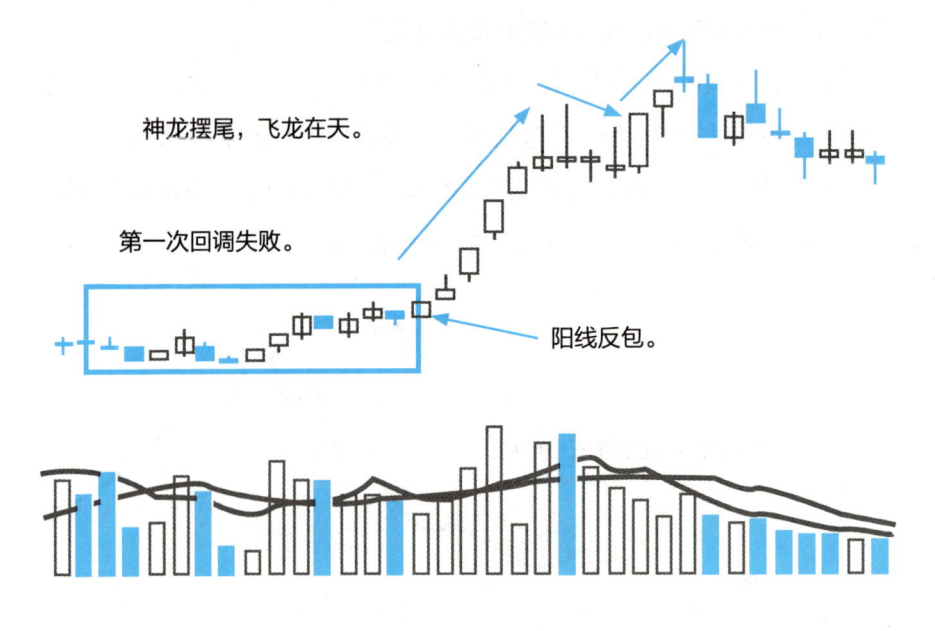

图3-21 龙回头V型转折示例

第七，行情在一轮上涨后，开始出现缩量回调。如果回调时间不超过8个交易日，那么回调到支撑位的时候就出现一个机会，而突破上方阻力位的时候则出现第二个机会。

第八，如果龙头股第一波拉升后出现封板阳线反包形态并经历回调整理，第二天的涨停板就是介入的时机；若之后再次出现反包形态，那不仅是第二次机会，还可以让投资者对后市行情更有把握。

⭐ 恒哥心得

第一，经验是收获，亏损和教训更是良师益友！在股市中，不要试图成为神一般的存在，因为并不存在只会盈利不会亏损的模式。投资者应以积极的心态来面对亏损，必须有输而不气馁的大气度，同时，对于失败的经历要耐心吸取教训，不要在同一个地方反复犯错。

第二，在股市中，要避免使用短平快的操作方式，因为越短的波动往往越难以预测。那些喜欢进行T型交易的人认为自己是在获得利润，但实际上他们可能会被券商所利用，最终得不偿失。

第三，不要忘记自己账户的盈亏比，如果已经出现亏损且确认持有的股票不是好股票，不应该总想着解套后再进行抛售操作。我们应该站在客观的立场上，做出此时此刻最有利的选择。如果一只股票已经出现了亏损，建议尽快脱离该股票，将资金转移到其他更具优势的股票中。

第四，要制订自己的操作策略，并做到严格执行。投资者如果能够理智地操作，就能够收获丰厚的成果。但是要克服自己的恐惧、贪婪、懒惰和缺乏自信并不容易，只有战胜了自己，才能在股市上获胜。

第五，股市就像一面镜子，它会以你对它的方式回应你。市场本身并没有问题，问题在于我们在其中扮演的角色和采取的方法。这是一个充满吸引力的、令人紧张和兴奋的"战场"。我们必须保持良好的身体和生活状态，这有利于我们的精神状态保持稳定，以便我们有足够的精力在股市中奋战！

第六，股市是一个充满吸引力的地方，每个进入股市的人都怀抱着梦想和希望，但也面临着各种挫折和困难。我们必须掌握股市的基础知识和技能，但更重要的是要站在前人的肩膀上总结经验，以此来逐步认识市场的本质并减少犯错的可能性。

第8节 堆量战法

股市中有句话是这样说的："小资金要想快速增长，就要做短做强。"所谓短即短线，而强便是强势股，这两者虽然不同，但却有着相似之处。短线投资时，需要遵守快进快出、简洁明了的原则，以求在短时间内实现快速的收益增长。而强势股的特点是独立的走势，当大盘表现强劲时，强势股表现更强；当大盘走势较弱时，它们的表现依然较强。强者恒强的规律就是这样的。

大部分人在涉足股市时，都希望能够在短时间内赚到大量的财富，然而能够在短线操作中保持稳健获利的人却寥寥无几。对短线交易技巧缺乏全面的了解是很多人操作失误、最终失败的原因。因此，想要在短线交易中获得成功，技术方面的掌握尤为关键。堆量战法就是一种实用的战术。

1. 堆量战法的技术要点

堆量是指一只个股在长期盘底之后，成交量会呈现一个"小山堆"一样的放量形态。使用堆量战法时，要注意下面几个技术要点。

第一，一般来说，在底部出现堆量之后，股价会随着成交量的增加而上涨，因此要将成交量的形态与股价的变化形态结合起来分析（如图3-22所示）。

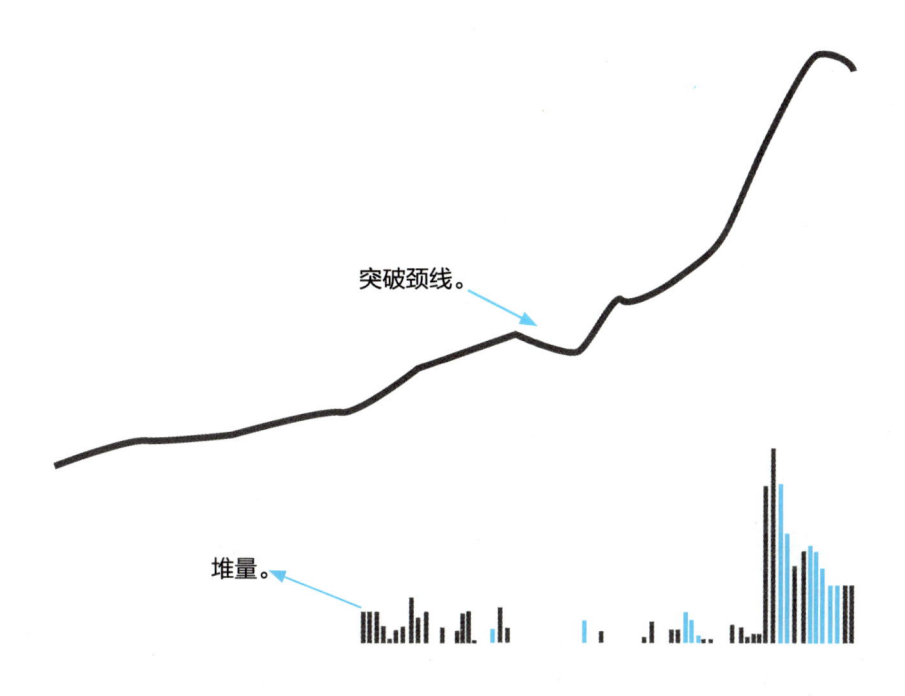

图 3-22　堆量形态示例

第二，股票处于底部时，在主力进行堆量后，如果市场出现抛压大的情况，股价往往会出现回调动作。之后，股价往往会经历强烈调整，但随后有较大的可能出现强势上涨。

第三，通常情况下，底部堆量的股票在经历回调后，往往会成为市场上的热门股票，因此这类股票通常拥有一些未被市场挖掘的热点。

第四，这类股票的最佳买点是在经过充分调整后，股价连续温和放量上涨，并缩量洗盘后突破颈线将要拉升的时候。此时，股票的5日线上攻居多，同时阳线多于阴线，可以根据成交量进行高抛低吸。仍需谨记，不要轻易放弃牛市股票，只需要使用5日线作为生命线即可。

2. 主力堆量后发现市场抛压大

如果出现底部堆量现象，就表明有实力的机构已经准备好介入，但并不意味着他们会立即开始介入。股价的走势与成交量密切相关,特别是当股价在底部进入积累阶段时,随着成交量的增加,股价也会相应上涨。当成交量开始缩减时,股价可能会适当进行调整。但如果股价出现较大幅度的下跌,则说明市场上的抛压仍然很大。因此,在分析股票走势时需要同时关注股价和成交量,具体可以参考以下建议。

第一,等待时机,不要轻举妄动。

第二,注意股价是否出现大幅调整,不要盲目介入。因为堆量后的股价有可能出现大幅调整,此时盲目介入,可能导致出局。一般来说,堆量之后的股价会在发生强烈调整后,有较大的可能性出现强势上升趋势(如图3-23所示)。

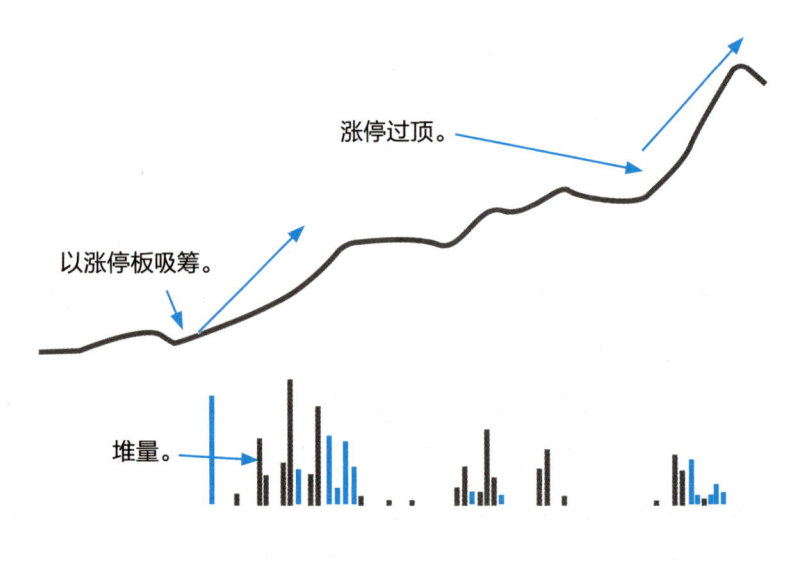

图3-23 堆量后调整再上涨示例

第三,几乎所有股市中的牛股在拉升前都表现出了低位单峰密集形态,这是选股的重要技巧。

第四,第一个涨停的股票和带领反弹的板块,在下一波行情中往往是热门的龙头。

第五，在股市中，当股票价格创下新高时，交易量开始减少且股价回调至均线以下，此时是最佳买入时机。在这种情况下，股票价格仍有可能再次创下新高。

第六，通过在线跳跃，无论是在牛市还是熊市，都能获得收益。

第七，跳空出现时，是一个好机会，因为绿柱还没有触及新低，而且有可能出现新一轮上升。

第八，如果单阳过顶，如剑出鞘，那就更值得"重游一次故地"了。此时，涨停主力可能会显示出能量。

第九，突破指标在低位时才算真正的突破，这时近顶拉升要腾空。

第十，强势股表现良好，如果跟进投资，预计股价将上涨。

第十一，出现急涨就要卖出，出现急跌就要买进，因为事物走入极端时往往会出现反转的情况。

建议股票投资者，在股票价格上涨时，如果出现第一根阳线，则可以考虑买进；如果出现第二根阳线，则可以考虑加仓；如果出现第三根阳线，则不要再进行操作。

第十二，股票处于上涨趋势时，建议投资者在价格相对较低时购买，等待短暂的调整和获利浮筹消化。当5日均线跟上时，股票有望再次飙升。具体可以在下跌拐点处买入，以确保安全。

3. 底部放量和堆量

底部放量是一种典型的调整结束时的底部形态，也是广大投资者进行图表分析时努力寻找的底部形态。投资者应该将成交量形态与股价形态结合起来观察，通常股票在底部出现成交量堆积后，股价将会随着成交量的增加而上涨。

股票价格的上涨空间与低价成交量的堆积程度密切相关。如果股票在长期下跌的底部一直没有出现明显的放量表现，然后突然出现持续的放量表现，这说明庄家没有时间缓慢积累，股价有可能在短时间内大幅上涨。这种情况下，如果找到5日均线的支撑位，可以考虑介入投资。

当一只股票从底部上升到一定高度并引起市场关注时，它自然成为强势股。而那些在这只股票处于底部时买进的投资者已经赚了一大笔利润，现在他们只需要保留股票。

在股价已经涨得很高的情况下，有些散户可能会追涨，但主力不会这样做。然而，这时的成交量仍然很大，这是由于高位股票大量出售给了散户，而散户进行了大量的交易。只有主力卖出而散户买入时，市场会出现这种情况，此时建议及时撤离。

有些股票一旦形成上升趋势，短时间内很难改变。为什么会这样呢？这时因为当公司进入快速发展期时，其股价会受到业绩支撑，并且这种增长至少会持续几年，优秀的公司甚至能够持续几十年，这样就可以不断创出新的股价高点。

★ 恒哥心得

第一，止盈止损。许多投资者有一个通病，就是不懂得止盈止损，在亏损时不愿割肉退出，导致亏损日益加剧；而在赚了钱时却未及时退出，失去了最佳退出时机，导致从赚钱变成了亏损，甚至这样也不愿意离场。一些投资者因此从短线投资变成了中线，中线变成了长线，然后又在碰巧遇到了好的行情时，缺乏资金，只能眼巴巴地看着别人得到丰厚的回报。

第二，交易指标。交易指标包含了大量的信息，因此具有重要的参考性。成交量是一个关键指标，当量比小于0.5时，属于缩量；当量比创新高时，表明主力控盘强势，排除主力出货的可能性，处于拉涨阶段。如果是这种情况，那么乘坐顺风车的可能性就会比较高。

> 第三，选择进出场的方式。选择介入一只股票的原因有很多，有的人是听了市场消息，有的人是观察到股票走势，还有一些人是听了小道消息等，这是很正常的现象。关键在于离开时间点的选择，此时所有投资者的情绪基本相同，应避免抱有侥幸心理，要记得赚多赚少都是赚，但亏多亏少也都是亏。
>
> 第四，学会空仓。保持空仓并不是为了阻止投资者获得利润，而是为了避免投资者在赚了很多后，产生骄傲心态和盲目操作的情况，这是非常危险的。我们都知道骄兵必败的道理，如果你有所收获，应该稳住心态，总结经验，并在思路清晰时再进行操作。如果你靠运气赚到了钱，那就更要好好把握这个机会。

第9节　N字战法

我们来到股市的主要目的，就是获取利润。然而，大多数散户却经常遭受亏损，这是因为在股票市场中，人性的恐惧和贪婪会被放大，这导致他们即使看到股票价格触顶也不舍得卖出，看到触底也不敢买入。

若投资者没有系统的选股分析方法，就会遭遇亏损，因此在股市下行时，他们会因害怕而不敢进行购买。而N字战法可以帮助散户投资者们避免一些弯路，从而增加收益。N字战法适合资本不足10万元的股民使用。这个战法简单易学，新股民也能迅速掌握，可以帮助他们快速盈利、扩充资本并获得成功。

1.N 字战法的形态

股价上涨趋势中存在一种K线形态，这种形态由两根强有力的大阳线组成，第一根大阳线之后市场经历震荡调整，最终以一根大阳线收尾，与第一根大阳线前后对应并形成大写N字的形态。这就是N字战法所需的形态（如图3-24所示）。

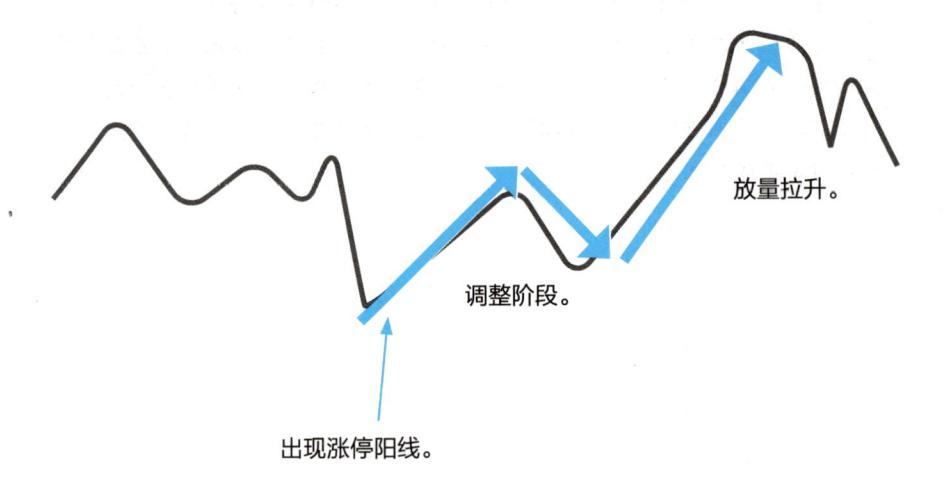

放量拉升。

调整阶段。

出现涨停阳线。

图3-24　N字战法形态示例

当出现这样两根大阳线时，需要同时伴随着成交量的增加，而在中间的调整过程中则需要成交量缩小。通常情况下，当出现此种形态时，股价会在短时间内出现不错的上涨，因此投资者可以在观察到这种形态后，寻找合适的时机入场。

类似的情况还有，出现一根中阳线意味着行情止跌并开始稳定，随后会有连续几天的缩量调整，这是主力在进行短线洗盘操作，洗盘完成后立刻呈现后期上涨的趋势（如图3-25所示）。

图中标注：出现涨停阳线。 缩量洗盘。

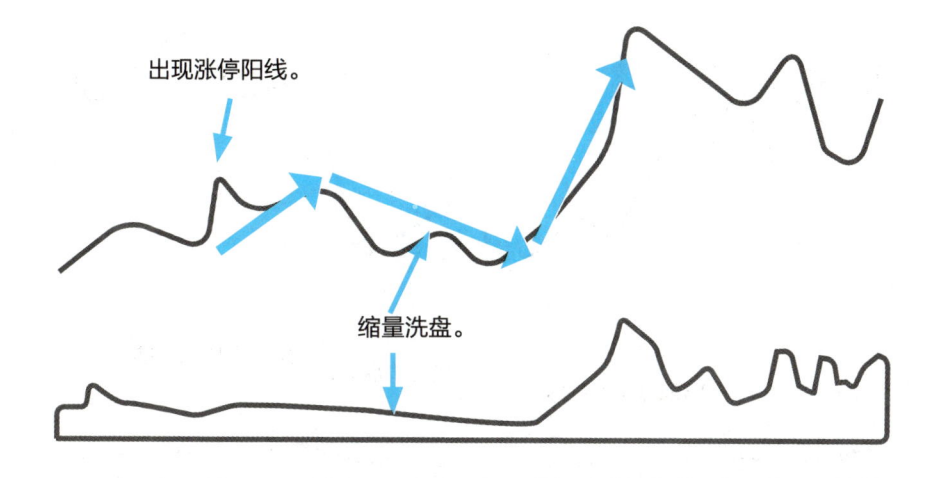

图 3-25　中阳线后缩量调整示例

2. N 字战法操作要点

第一，要注意调整时间以较短为好，1日调整最为理想，调整天数不宜超过5天，长时间的调整会导致后期主力拉升乏力。调整的幅度也是以较小为好，且在调整期间最低点不要低于前一天的涨停最低点。

第二，建议在股市中选择多头趋势，并注意避免K线下穿20日均线的情况。最好结合热门板块进行交易，以保证长期持续的股票增长。

第三，最好选择股价在30日和60日均线之上的股票，尤其是后面出现一根大阳线突破上穿30日和60日均线的情况的股票，这种股票后期的涨势空间较大。

3. N 字战法进场点的选择

第一，股价在N字回踩时会进行调整，之后处于低位转折点时再进入市场较为合适（如图3-26所示）。

第二，当一只股票出现N字形态后，如果平台出现了突破口，就可以介入操作；如果股价刚好突破了平台，那么随后就会出现上涨趋势。

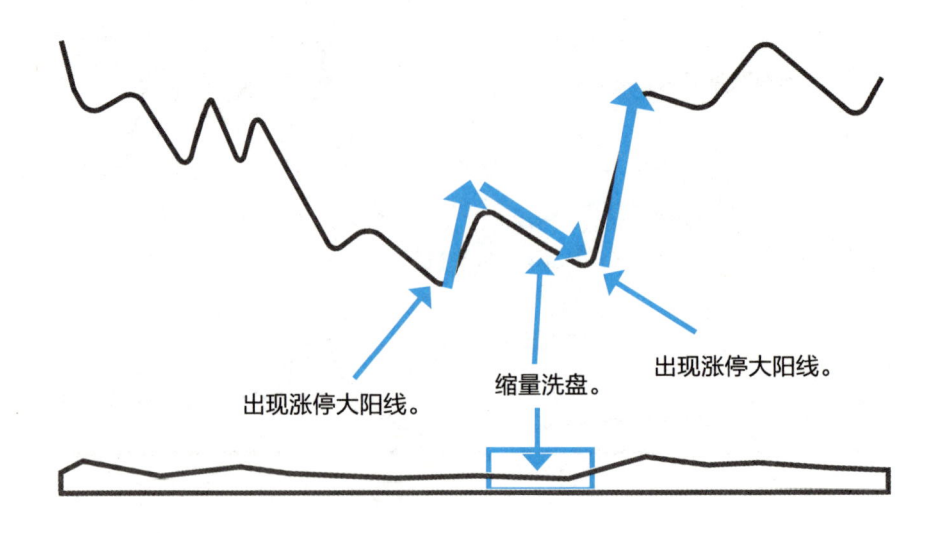

出现涨停大阳线。　　缩量洗盘。　　出现涨停大阳线。

图 3-26　缩量洗盘后上涨示例

⭐ 恒哥心得

投资生涯的首要敌人是贪婪，而贪婪的起点就是不愿意为自己设定目标。

当你询问某些人的目标时，他们会面带微笑却不给予回答；当你跟他们说"富足平安，快乐一生"时，他们表示同意；当你问他们关于一年翻三倍的投资时，他们回答"很棒"。

这些人一方面渴望长期的安定，另一方面又追求短时间内的巨额利润。

那些没有年收益目标的人，通常会追求最大可能性，即使是1000%的收益率也仍然不满足，但这种贪婪的投资者最终往往会经历重大亏损。

设定好年收益目标的投资者会迅速地实现从亏钱到赚钱的转变。例如，若有一个投资者想在市场上每年稳定赚取50%的收益（这个目标已经非常高了，巴菲特的收益率只有约25%），则将其分解为每个月只需获得4%的盈利。一个短线投资者如果能够持续地每月盈利，并且长期保持这一

> 状态，那他一定是股市大神级别的投资者。
>
> 要想取得投资成功，首要任务是不断追问自己的内心：目标是什么？自己会为了实现这个目标而放弃什么？
>
> 因此，投资者在进入股市之前，先要设定一个年收益目标。如果一个人没有目标，那么他就容易被贪婪所害。

第10节 波段顶部研判及逃顶术

要想在股市取得胜利，就必须在个股形成中短期顶部时做出准确的判断，以便及时赚取利润。判断个股中短期顶部的正确方法主要是技术分析，可以从以下几个方面进行。

1. 高位收星

股价在连续上涨几天后，高位出现大幅放量震荡的星线时，需要谨慎。这种情况意味着浮动筹码增加，市场分歧加大，上行压力加重。

这种星线形态出现后，大多数的头部或高点都是由其构成的，由此产生的心理影响不可低估，至少会导致第二天开盘时的一波抛盘。

如果市场缺少足够的购买力或者买入量减少，那么股价通常会在很短的时间内出现代表大幅下跌的一根长阴线，从而形成短期市场的顶部。

2. 三重顶的判断

当股价经过一段时间的大幅上涨后,投资者会开始获利回吐,这会导致股价从顶部回落。随着股价下跌至一定程度,交易量逐渐缩小,这时一些看好后市的投资者会被吸引,同时之前在高位出售的投资者会在低点回补。

之后股价再次上涨,同时成交量也增大。当股价上涨到接近前一次高点时,主力资金已经赚了很多,开始卖出股票,这会导致股价大幅下跌,并且成交量不断增大。

在股价下跌至某个低点附近后,经过一段时间的横盘整理,股价会开始上涨。然而,由于前期存在的两个高点对股价的压力较大,投资者并不敢轻易进场,所以成交量无法再次增加。股价涨至上一高点附近时,之前被套的投资者和获得利润的投资者会纷纷出售股票,导致股价骤然下跌。之后如果股价有效跌破了均线,就算完成了三重顶形态。

3. 头部的判断

判断头部时不可或缺的参考指标是成交量。当某只股票的价格连续上涨一段时间后,场外资金会被吸引进来。此时不少投资者担心,如果今天不买,明天价格会再次大幅上涨,错过赚钱的机会,因此纷纷购买该股票。这种情况被称作持币踏空。

当股票价格大幅上涨时,少数投资者会开始卖出手中的股票,这种卖出行为的逐渐增加,导致股票交易量和换手率大幅增加。在一个小时内,成交量就会大幅暴增,通常会达到前一个交易日整日成交量的40%~50%,这种情况应引起股票持有者的高度警惕。

此时股价可能仍在上涨,但这只是表面现象,因为成交量过大往往意味着主力机构、庄家或大户正在大量抛售。

通常情况下,广大中小散户难以一致行动并同时卖出一只价格正在上涨的股票；相比之下，个别或极少数股票份额较大的投资者抛售的可能性更高。

这时，经常可以注意到每分钟交易记录中出现10万股以上的大笔抛售，这可以被视为更可靠的抛售信号。如果股市中某只股票没有机构或大户参与购买，那么这只股票只能依靠广大中小散户的投资来推高价格，因此很难引起市场的青睐。

如果大户、机构或庄家抛售某只股票，往往会导致该股票出现下跌趋势。当股票价格上涨到最高点时，成交量通常会大幅增加，这种情况可以持续一个月、两个月、三个月，甚至半年或数年。此时，如果市场出现很大的好消息，及时抛售股票很可能顺利脱离市场的高点。

4. 最经典的三种交易模式

交易模式是指一种特定的交易方式或策略，简单来说，就是关于投资与股票买卖的方法和技巧。投资者只有在学会简单的交易模式后，才能稳定盈利，这里要讲的就是市场中最经典的三种交易模式。

第一，打板。在注册制实施之前，追买涨停板是市场上最流行的一种短线交易模式，各种翻倍盈利神话也时有涌现。购买涨停或接近涨停价格的股票是这种模式的最显著特点，但这种模式在日内操作中并不能获利，第二天有资金接力，才可以顺利地结算。

第二，追涨。追涨和打板有相似之处，它们都是在股票表现强劲的时候购买。大部分投资者经常会进行追涨操作，在股票价格上涨期间买入也被称为拉升途中的买入。但一旦操作不慎，就可能被留在"山顶吹风"。追涨最能考验投资者对大盘的盘感。

第三，低吸。许多人误认为低吸意味着购买下降趋势中的股票，这是不正确的看法，因为并非股票越跌就越要购买。在强势股进行底部启动时，投资者可以在同一交易日内股票价格回落时低吸。有时候低吸会替代打板，成为最流行的模式，因为低吸具有最高的性价比。

> ⭐ **恒哥心得**
>
> 第一,每天必须认真仔细完成对市场的复盘,因为明天你就要寻找低吸的目标,这些目标必然源于你之前的复盘。许多投资者喜欢在交易时间内毫不犹豫地购买股票,且往往会选择追高买进。大多数人都喜欢在价格上涨时购买,这是普遍的人性倾向。
>
> 第二,复盘后要制订交易计划。这一步极为关键,提前制订好计划并严格执行,可以让你成功一半。很多投资者都深有体会:在做盘中计划时,很容易受到大盘和个股涨跌的影响,此时冲动是很危险的。
>
> 第三,后一天的热点有可能与前一天不同,但前一天的热点仍有可能成为下一个热点,投资者要寻找回落机会,在这些底部启动的新热点中进行低吸操作。
>
> 第四,在低吸股票时,不应该抱有赌徒心态。一次性把所有资金都用来买入股票容易导致账户大幅回撤,影响操作的心态。
>
> 第五,在股票回落时,应该果断地进行低吸操作,即在"害怕"的时候购买,这是低吸操作模式中最为重要的一点。

第11节 天量抓龙法

如果你想要将炒股当作你的第二份职业,并且一直持续下去,那就一定要牢记股市最基本的关系——量价关系。如果不关注交易量,炒股十年也无用。只有理解了交易量的含义,散户才能够正常进行股票投资。

天量法则的重点是关注突然出现大量交易的股票。股市上有一句名言叫"天量见天价"，即当个股在高位出现大量成交量时，意味着股价可能已经到达顶峰，有反转的危险。

1. 什么是天量

当大盘或个股的成交量达到历史最高水平时，我们称之为天量；而当其成交量达到近期最高水平时，则被称为大量或巨量。通常情况下，天量天价是一个出货的好机会。

天量涨停有什么含义？在股市中，天量涨停表示某只股票或整个市场当天交易的数量极大。

通常情况下，天量与突破有关，因此我们称股票价格或指数的大量上涨或下跌为天量上涨或下跌，这表明这只股票的走势与前期有所不同，可能步入快速上升（下降）通道并发生形态反转。

所谓天量天价、地量地价，是指股价的高位、低位可以从成交量的大小推断出来。当成交量巨大时，股价通常会处于相对较高的位置，而当成交量大幅减少时，则意味着股价已降至相对较低的水平。短线交易者依据这一现象寻找买卖时机非常有效。

天量天价的出现具有规律性，对于整个市场而言，可以精确地反映出资金在某一阶段内的极限。但也不能简单地因为天量出现就认为天价会立即出现，市场的判断不能过于简单化，量的增加也要考虑当前的市场形势。

当某只股票的成交量在一段时间内逐渐减少且达到下限后无法再继续减少时，往往意味着该股票的股价将停止下跌。

通常来说，热门股票的交易量处于一个月内的最低水平时，股价可能会出现阶段性低点；反之，如果交易量高，则股价可能会出现阶段性高点。

在牛市中，放量本来是好事，但成交量必须逐渐加大，如果成交量忽然急速加大，无论股市处于何种阶段，投资者都需要马上清仓退出。

因为在牛市中，成交量的急速加大表明投资者普遍看好市场，纷纷加入投资，但这反而可能导致市场快速见顶。

2. 天量抓龙法的四种情形

天量抓龙法旨在通过大量购买股票或基金来获得高收益。该策略的核心思想是，在市场大幅下跌时，以低价买入优质股票或基金，然后等待市场回升后卖出获利。这种策略需要投资者具备一定的市场分析能力和风险控制能力，因为如果市场继续下跌，投资者可能会面临巨大的亏损。一般来说，投资者会面临以下四种情形。

第一，行情大幅上涨后出现大量交易量，表明行情基本到顶，这就是常说的"天量见天价"。这时的天量是在主力将股票的价格拉到可以上升的极限后，趁着散户热情高涨的时候迅速离场，造成了大量换手的情况。当天量达到这种程度时，意味着该股票已达到顶峰。这种天量我们是要排除的。

第二，行情涨势逐渐趋强，但随后出现大量交易量，这可能也是一个行情即将见顶的信号。股价在经历天量之后出现回落，随后会明显缩量。然而，不久之后股价再次开始上涨，甚至突破了天量K线所对应的股价，这意味着新一轮强势行情的到来。这轮行情为三浪主升行情，为了不错过机会，需要及时跟入。

第三，股票市场的走势经过一段时间的下跌后，股价处于低位水平。此时如果交易量大幅增加，我们就需要警惕，因为这种现象可能意味着市场主力正在积极推动高换手或者在尽力吸收底部股票。虽然天量出现当天股价上涨，但第二天成交量往往会迅速回落，回归平淡，只是换手率稍有增加，而且股价仍然会持续下跌。我们需要等待新的天量突破第一根天量K线的最高价的情况，这时才是跟入的信号。这种股价上涨和成交量的增加，让人感到"一山更比一山高"（如图3-27所示）。

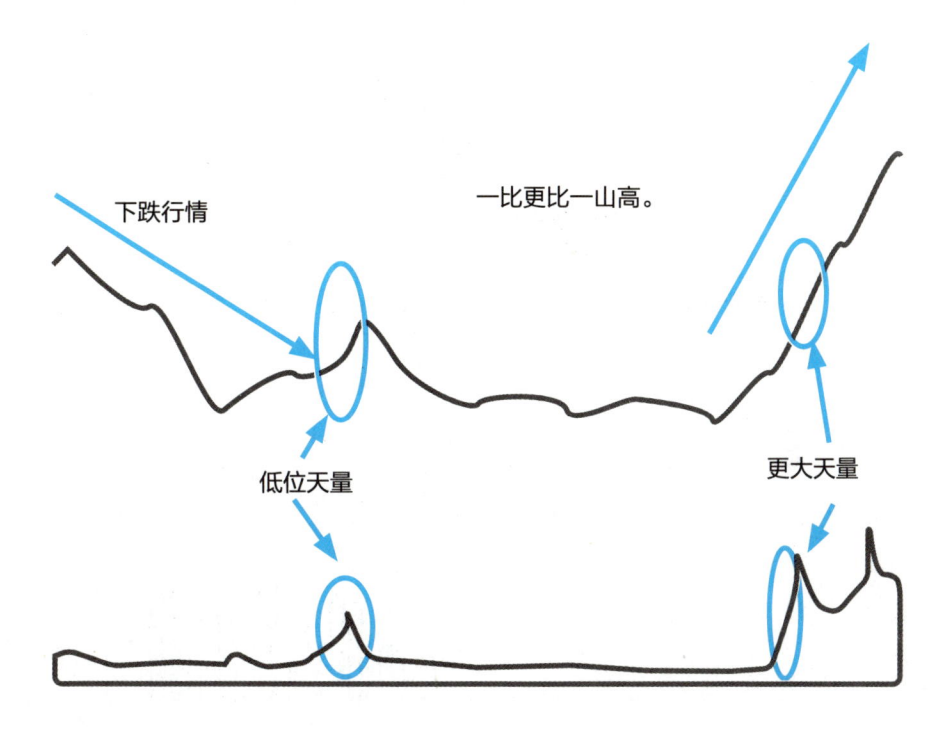

图 3-27　低位天量后股价回落示例

第四，天量连续出现，不断积累，这通常是投机的游资短期持有龙头股造成的现象。如果一开始有出现这种情况的一些迹象，可以进行初步干预。但如果这种情况变得明显，随着主升浪连续出现天量，那么应该毫不犹豫地采取进一步行动，做到与龙共舞（如图3-28所示）！

当然，在实践中，不能只凭成交量的多少来判断股价趋势，需要结合股价的整体位置、技术形态、市场热点和均线系统等因素来综合分析，才能取得更好的效果。

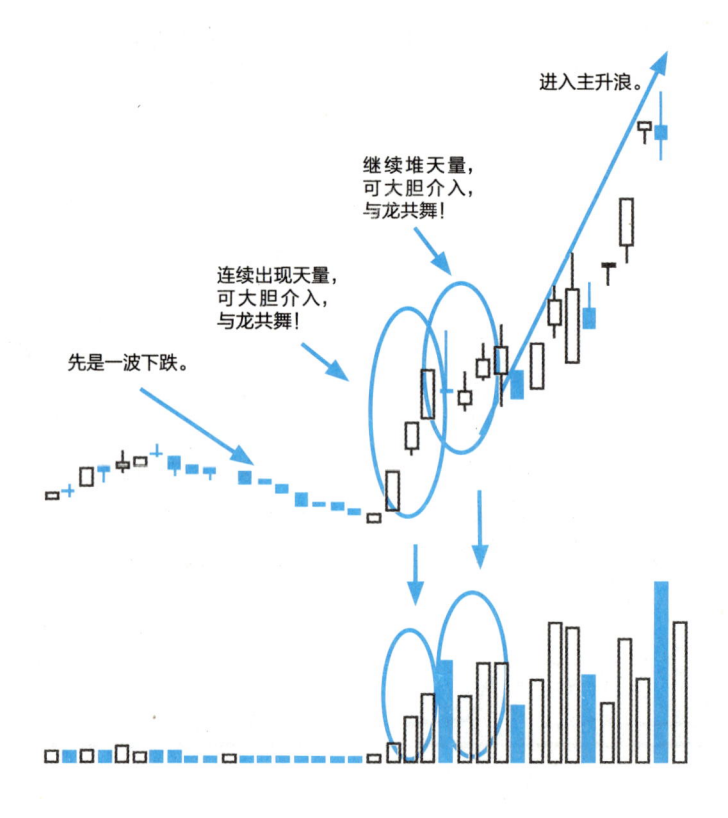

图 3-28　低位天量堆示例

恒哥心得

第一，顺势而为。股市一旦形成趋势，要改变就不容易了。在股市上升趋势中，应该避免盲目对下跌个股很快反转的预测，也要谨慎进行对上涨个股的顶部预测。最简单的判断方法是查看均线，如果均线呈多头排列，则可以毫无疑问地判定为上升趋势；如果均线发散向下，那就表示市场呈下降趋势。

第二，任何逻辑，都要形成闭环。如果你是看技术指标入场的，那么一旦技术图像出现问题，就应该毫不犹豫地离场，不要寻找基本面或市场情绪的借口；如果你以基本面逻辑为依据进行操作，就算使用其他技术分析，也不会过度影响你的交易行为。不要把不同的事情混为一谈，也不要为了证明自己的逻辑而承担错误的后果。

第三，谨慎抄底。明明想要抄底却被套牢的人比比皆是。如果你有足够的资金，能够将成本分摊，那么可以考虑尝试抄底；但如果没有足够的资金，就需要谨慎决策。抄底时，有许多人判断失误，在股价下跌的中途就认为已经到了底部。正确的抄底是在上升趋势回调时买入，而不是在股价一路狂跌时接盘。

第四，乖离率过大的股票不要急着买入。每只股票的上涨都会依赖于一根均线。在股价连续上涨时，如果其偏离均价线过远，应该避免忙入场。通常情况下，当股价回落到均价线附近时，会提供更好的入场机会。

第五，仓位管理很重要。我实行的交易原则是将仓位分成三成短线、三成长线和四成波段滚动操作，既能攻又能守。在大盘环境不佳时，保持仓位以摊平成本也是一个重要的机会，不可忽视。没有技巧的交易就是乱打，经过几个回合后，就能够看清谁掌握了真正的交易技能，谁只是在随意操作。

第12节　涨停六步战法

在股票市场中有成千上万只股票，我们需要学会如何选择有涨停潜力的股票，这项任务非常艰巨。我们无法掌握任何内幕消息，也不确定什么时候市场趋势会对我们有利，也不知道某个题材是否能得到市场的认可，并导致股票涨停。

我在股市摸爬滚打了多年，曾经尝试了很多不同的策略和方法，但一直没有取得实质性的突破。经过多年的亏损后，我总结出了自己的炒股方法，从亏损变得能凭借炒股养家。我成功的关键在于遵循了一套抓住股价上限的方法。现在，我要毫无保留地向那些注定会面对同样问题的人分享这个方法的精髓——涨停六步战法。

1. 筛选符合条件的股票，并将它们列入涨停股票池

我们需要从可交易股票的列表中选取，以建立自己的股票池。这个行为是主操作，也是我们寻找市场主痕迹的一种方法。

通过对股票池中个股的基本发展情况进行观察，筛选出长期亏损、基本面不差、有利空消息和短时间内涨幅过大的股票。

2. 紧跟市场的步伐，掌握财富的关键

涨停并不代表完全合理，需要对其背后含义进行分析。普通股票的涨停信息对市场趋势有很大影响的时候，通常是股价出现箱体波动的时候。之后股价可能突然大幅上涨，并触及涨停价。

当股价突破重要压力位并向上发展时，常常会出现回踩现象，我们要确认企稳后期是否会有一些强势涨停，这是必要的一步。

3. 观察股价的形态，以锁定主流趋势

筛选出来的股票，要么整体呈现上涨趋势，要么即将突破拐点，这些股票的趋势会在之后的交易板上忽然出现。

在股价出现涨停情况之前，通常会呈现温和的放量状态，这可能是因为公司主力在抄底吸金。因此，对于这类股票，我们应该抓住机会。没有发展可持续性的股票需要被淘汰。

4. 等待个股回调，此时上车不晚

在我们筛选出的股票池中，有些企业个股会在出现一定数量的涨

停板后开始回调，此时的量能技术指标开始逐渐萎缩。在股票价格下跌一段时间后，可能会出现一个"十字星"，随后股票价格会开始趋于稳定，这时主力开始进行吸筹，导致股票价格继续在底部波动。当出现温和的成交量增加时，我们应该视为一个良机进行干预。

5. 等到上攻信号出现，就可以坐等主力"抬轿"了

当股价在缩量休止上涨后，再次放量上攻时，我们需要先判断放量是否大于止跌时的成交量，耐心等待股价突破阻力位，然后再入场，避免股价因受阻力位影响而突破失败。

6. 为了确保万无一失，必须准备好应对突发情况的措施

如果我们在进行股票投资时遇到了股价冲高回落的情况，我们需要提前学习企业应对措施，并且继续观察第二天放量情况，以确定它是否能吃掉前一天的上影线。

如果发现股票后续的交易量无法跟上，并且出现了明显的缩量，那么我们应该选择建仓或者离场，不要固执战斗。我们需要进行调整，耐心等待下一次上涨信号的出现。

★ 恒哥心得

投资者们都知道，掌握炒股技巧十分关键，然而想要熟练运用这些技巧也需要较长的时间。我们需要确立属于自己的一套股票筛选标准，并且坚决执行这套标准。

第一，要根据不同的趋势做出相应的选择。

在行情看好的时候，我们应该选择热门主题。在经历震荡发展期时，可以选择相对低位的个股，这样的个股具备一定的抗跌能力。在市场行情不景气的时期，应该合理分配投资仓位，镇定地观望市场，并关注处于市

场低位区的个股。

第二，选择龙头股。

若决定从事短线交易，则应优先考虑选择当下热门主题的龙头股，并结合5日均线和10日均线来进行短线低吸操作。当投资者选取经过充足调整的基本面良好的领先公司作为中长期投资目标时，要注意中期均线的支撑情况，并抓住低吸的机会。

第三，尾盘买弱势股。

大盘震荡时期，市场上的干预机会不多，建议年底进场以避免潜在风险。

第四，遇到大阳时不要惊慌。

可以创建一个自己的股票池，并且这些股票可供交易。学习高手方法的途径之一是观察高手所进行的操作。在股票池中观察个股的基本发展情况，然后在短时间内筛选出那些具有以下特征的股票：长期亏损、基本面好、消息差，以及涨幅过大。

〈第四章〉

实战形态详解

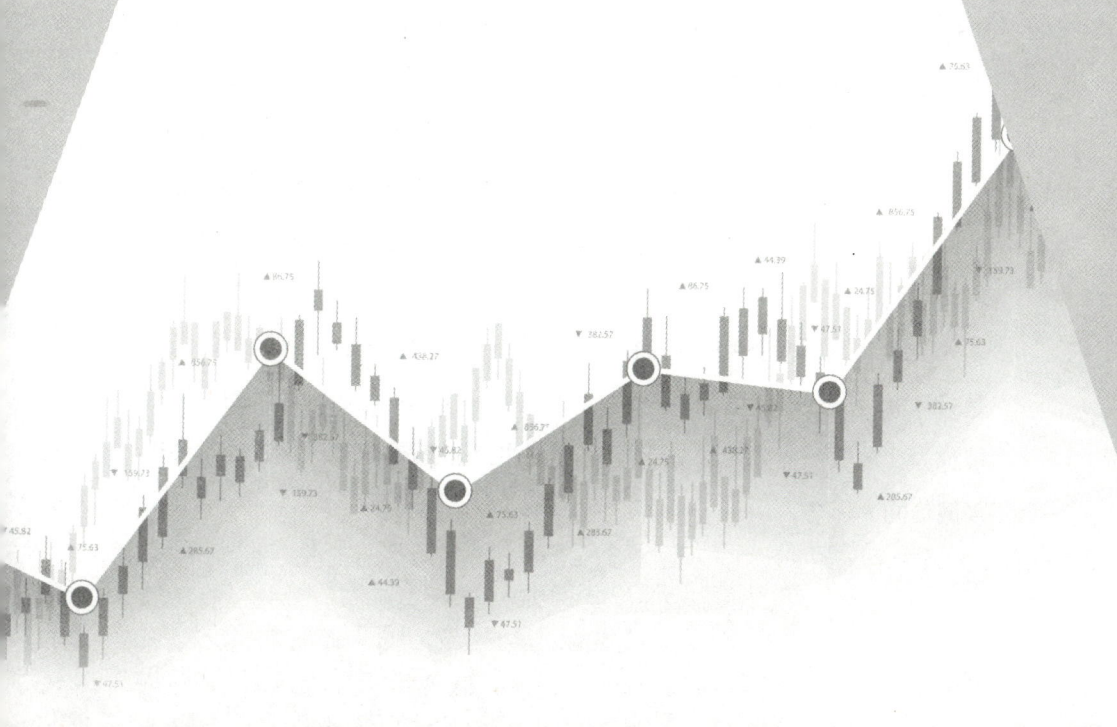

第1节　天眼地量形态详解

听信他人消息入市的炒股者大多数无法自控盈亏，这种无法自主掌控的感觉常常让他们感到无计可施。许多人不论白天还是夜晚，都在花费大量的时间来研究股市。股市是一个充满策略竞争的投资领域，成功不是偶然的，只有具备与收益匹配的实力才能在股市中游刃有余。

在遇到天眼地量形态的股票时我会果断买进并坚定持有，等待主升浪到来。这项技巧是在我还是初学者时老师传授的，他一直钟爱这项技巧并且已经掌握得非常娴熟。目前市场上的大多数情况，他都能够轻松应对。我经常使用这个技巧，常常能找到涨停的个股。

1. 天眼地量形态

如果股指跌到低位时，某只股票跌幅较小或已经开始上涨，则说明主力资金已经开始关注该股票。当某一阶段的5日均线轻微跌破20日均线时，如果股票短期内快速站起来并且成交量相对减少，则表明该股票可能有望上涨。

天眼地量形态出现时，日K线经常带有下影线。所谓"天眼"，指的是5日均线跌破20日均线后重新上穿形成的三角形，而此时底部的缩量则被称为"地量"（如图4-1所示）。在股指下跌时的底部区域，经常会出现翻倍的大黑马。

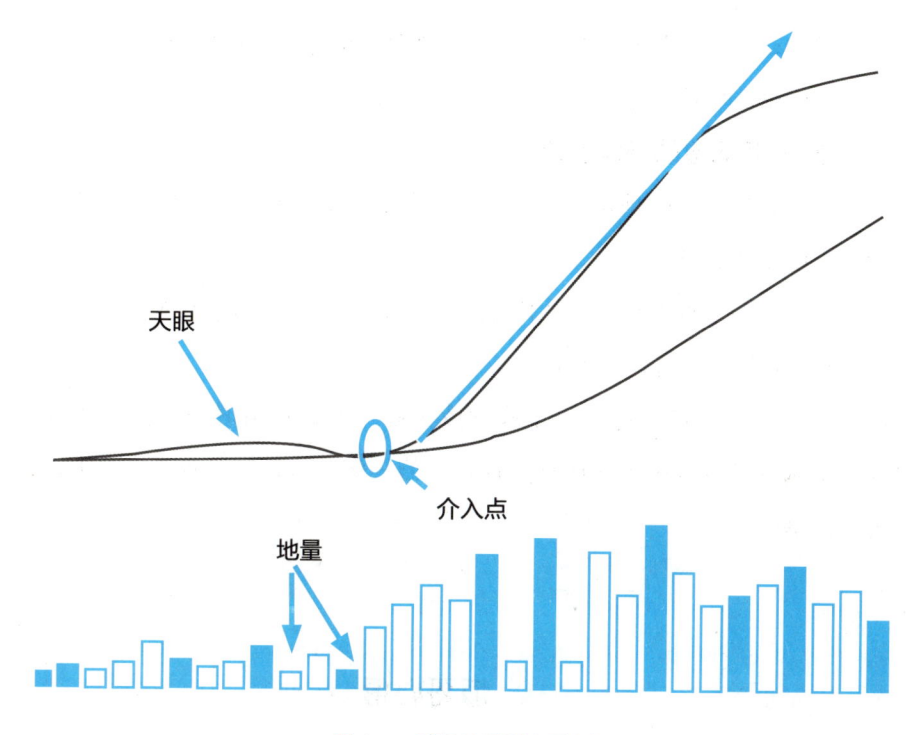

图 4-1 天眼地量形态示例

2. 天眼地量形态的特征

第一，个股的近期走势比大盘要强劲，这预示着有主力机构持有并看好这只股票。

第二，K线在5日均线上运行，随后5日均线稍微下跌并轻微地跌破了20日均线，之后再次上涨并反弹，形成了天眼形态。

第三，回调幅度不可超过12%，且回调期不超过15天，否则可能会出现问题。

第四，20日均线一直处于上升趋势。

第五，必须出现近期成交量收小的情况，并出现地量，而且"大眼"区域的成交量要极度萎缩。

第六，通常情况下，当天眼地量出现时，K线经常伴随着长下影线，这表明出现了明显的止跌信号。

3. 天眼地量的操作要点

第一，只要天眼地量出现，就应该参与，除非有突发事件，否则都会出现中线上涨趋势。

第二，有时候股票出现天眼地量形态后，股价会随之上涨几天，但等该形态再次出现时，效果更佳。

第三，天眼地量通常见于底部或上涨期间，但有时也可能出现在顶部。如果在顶部横盘时出现，往往是假突破信号，投资者不应该进行介入。

> ⭐ **恒哥心得**
>
> 在进行交易时，如果没有上涨行情的话就需要耐心等待，而一旦有了上涨行情，就要敢于果断地采取行动。有一种森林法则是值得所有股民学习并遵循的法则。
>
> 第一，等待时机出现需要保持耐心。
>
> 第二，我们每次成功的关键都在于羊群效应，如果这种效应缺乏或十分微弱，那么我们将很难成功。
>
> 第三，在进攻时必须要狠心，同时也要全力以赴。
>
> 第四，在事情出现意外情况时，应该把保护自身安全放在首要位置。
>
> 第五，任何人都有弱点，同样，任何交易体系也都有弱点，而这些弱点往往是自身最难以战胜的。

第2节 老鸭头形态详解

我与一位股民朋友认识多年，他有20多年的炒股经验。起初他也一直亏钱，可是后来他吸取了教训，掌握了一种通过支撑位找买卖点的方法。从此，他逆袭了，从财务赤字转到了相对经济自由的状态。我征得他的同意，分享了他的方法。如果股民朋友们能领会并付诸实践，相信会得到独特的收获。

好的开始是成功的一半。在股市中，所有人都希望能在低位介入强势股。不同的技术形态对应着不同的进场信号。我们需要根据不同的技术形态，找出最适合的介入点。

当股票形成老鸭头的形态时，应该保持警惕并密切观察，因为它可能很快就会开始上升，一旦买入，就应该坚定持有且不轻易出售。老鸭头形态曾稳定地让我的股票增值，因此我特别喜欢它。

所谓老鸭头形态，是指主力在建仓、洗盘、拉高过程中所形成的一种经典的K线组合形态，其形状酷似鸭头，由"鸭颈""鸭头顶""鸭嘴"等构成（如图4-2所示）。因其极为独特，人们常常说"千金难入老鸭头"，这也表现出股民朋友对其的认可。

1. 老鸭头形态的技术指标

第一，观察"鸭颈"部价格平均线时，需考虑其5日、10日、60日均线的期情况。当5日、10日的均线放量上穿60日均线时，就形成了"鸭颈"部。

第二，股价回落形成酷似"鸭头顶"的K线顶部形态。

第三，当股价跌落后不久，5日、10日均线再次上扬，形成金叉，进而形成"鸭嘴"。

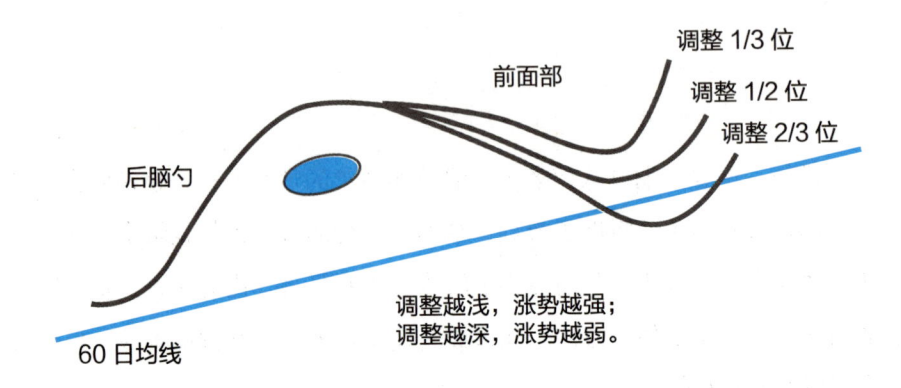

图 4–2　老鸭头形态示意图

2. 老鸭头形态的股票量能

第一，"鸭头顶"的形成过程是放量的，而从"头顶"下跌形成"嘴部"的过程却是缩量的。

第二，尽管股价下跌，但是60日均线仍然呈现上涨趋势，此时股票的交易量却出现了缩量。

第三，在股价再次上涨时，必须伴随出现成交量的增加，而此时需要依据MACD指标，因为这时的MACD通常会在0轴周围产生金叉。

第四，股价再次上涨并突破了"鸭头顶"的价格，这是确立老鸭头最终形态的标志。

3. 老鸭头形态的底层逻辑和操作策略

第一，主力在具备一定筹码后，会试图通过老鸭头形态来推升股价,其形成"鸭嘴"的过程则是庄家清理市场上浮筹的过程。老鸭头的形态被游资广泛地用于收集筹码和洗筹,这被认为是一种高效的方法。

第二,一般情况下,应该选择在股价形成"鸭嘴"形态的区域入场,即在庄家清洗掉一部分浮筹之后股价缩量下跌的时期。此时,可参考的指标是5日均线向上突破10日均线形成金叉,并且股价在60日均线附近。

第三,建议将止损位置设定在进场时形成金叉前的买入区域最低价处(如图4-3所示)。

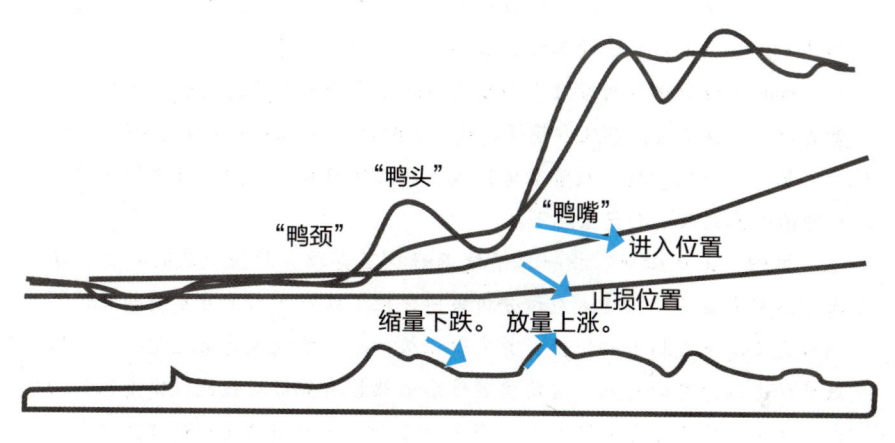

图4-3 "老鸭头"形态的操作策略

随着年龄增长,我越发深刻体会到股市如人生的这个说法,我刚入行炒股就仿佛在昨天。

我至今仍然记得,购买的第一只股票是中S股份。买入后,它一直在下跌,亏损达到接近30%的最高点,我的朋友们都建议我赶紧退出。但我对这只股票很有信心,所以并不担心。我果然没有失望,最后在这只股票上我赚了一倍以上的利润。要做好炒股这件事,不能只看眼前,要有远见,以长远的眼光来考虑,才能获得长久的成功。

⭐ 恒哥心得

华尔街流行着这样一句话：世界上什么都在变，但华尔街没有变，充满了恐惧和贪婪。以下四种心态正是在炒股时表现出恐惧和贪婪的情况。

第一，完美心理。总希望在股市的最低点买入股票，在最高点卖出，这便是完美心理。实际上，应该在股票出现上升形态时买入，在股票触及压力位而走弱或跌破真正的支撑位后就应该卖出，这才是正确的。所谓的"吃鱼理论"就是建议只吃鱼肉最厚的部分，而不吃鱼头和鱼尾。

第二，羊群心理。一般的股民都清楚，在股市中，只有一小部分人能够获利。如果没有自己的客观见解而盲目跟随他人进行买卖，就一定会亏损。股市中仅仅依靠听股评来购买股票的投资者常常遭遇失败。成功的投资者会自己选择股票并从中获得收益，同时也要自己承担相应的责任。

第三，赌博心理。投资者进行投资时应明确控制风险，股价的变化不会随着心态的改变而忽上忽下。

第四，消极心理。指一旦情绪不好就不再理会股价涨跌的心态，这种心态应当避免。投资者应该分析当前合理下跌空间和上升空间的比值，明确是否有继续持有的价值，并采取积极行动。建议投资者避免在20日均线处于下跌趋势时买入，若价格破位后依然抱有60日均线能提供支撑的幻想，再次破位后又寄希望于120日均线的支撑，最终可能会因情绪失控而不想管了。如果船开始下沉，应该立刻逃生，而不是祷告。

第3节　黄金坑形态详解

股市中的投资者常使用技术指标来分析市场情况，然而，有些主力会利用散户对技术指标的一知半解进行逆向操作。在这些逆向操作中，一些操作是假的，是诱惑行为，可用于诱惑散户进行多头或空头交易。黄金坑的形态生动地展现了这种行为的本质，因此我们可以根据这种行为采取对等的策略。要实现这个目标，必须具备辨别真假黄金坑的能力，真正掌握和了解它们。当股票出现黄金坑的形态，意味着主升浪即将到来，因为这是启动前的洗盘行为，只要把握住了，稳稳"吃肉"就没问题！

1. 黄金坑的三个阶段

第一，底部区域发生震荡。如果股价经历了一段时间的下跌，并且已经在空间和时间上出现到达底部的征兆，那么有些资金会抢先介入导致股价反弹。在回踩确认时，股价不会再创新低，这样股价就能够在相对低位的区间进行震荡整理。各均线系统经过一段时间的整理后，开始由下跌转为横向运行或微微上扬。股价在某个时间突然打破平衡状态，跌破了均线支撑，有些甚至直接跌破了横盘震荡区间的支撑位，呈现出明显的空头态势。如果量能的变化是放量洞穿，那么很可能是资金从股市撤离，不再持有该股票，原因可能是企业自身遇到问题。这也是最关键的情况。如果股价在没有量能支撑的情况下出现下跌，随后跌势逐渐减小，同时成交量也在逐渐缩小，这种现象预示着黄金坑很可能会出现。

第二，上升趋势中，股价一路上扬，但在某个时刻突然下跌，穿破了上升趋势线和各种均线的支撑。

第三，阶段性顶部回调。股价上涨后可能会出现阶段性顶部，在回调时如果出现止跌反弹，并且低位支撑有效，股价有可能会进入新上升趋势（如图4-4所示），也可能是横盘震荡，大小不一。同样地，股价也可能在某一时间段内突然打破平衡，大幅下跌，穿破支撑位，盘面呈现出空头态势（如图4-5所示）。

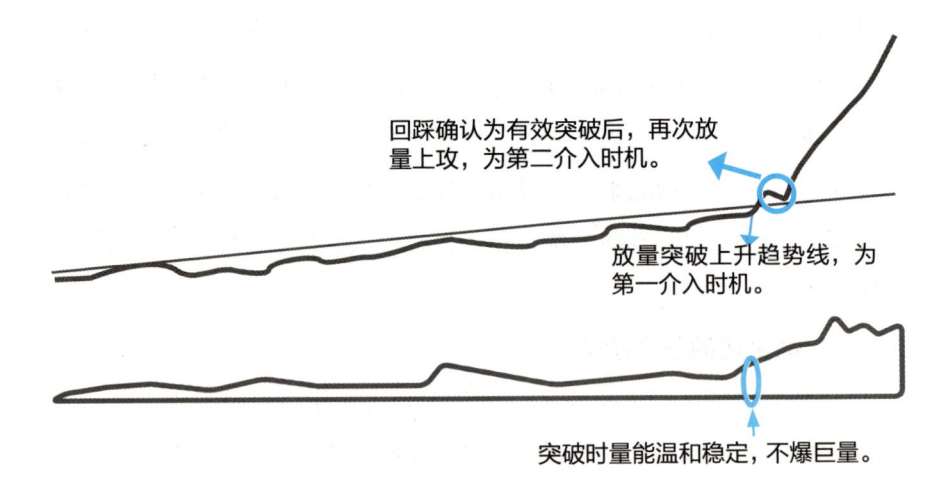

图4-4 回调时止跌反弹再次上升示例

2. 识别黄金坑的真假

第一，"挖坑"时的量能变化。要进行"挖坑"操作时，需要注意下跌的幅度不能太大，并且需要出现急跌后逐渐减缓，成交量逐步减少的情况，这意味着下跌的力量越来越弱，直到最终没有力量可言，出现

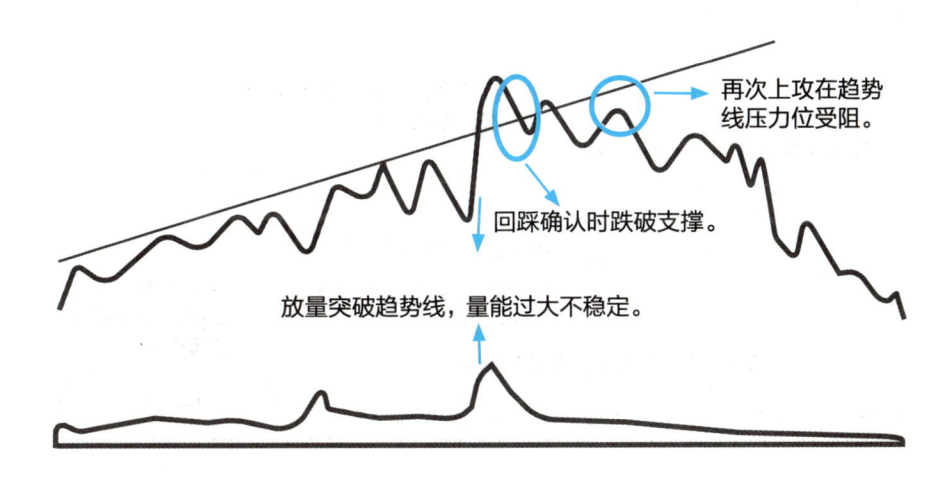

图 4-5　回调时穿破支撑大幅下跌示例

止跌见底的情况。有些股票在股市反弹时表现强势，能够拉升出来，并且成交量也显著增加，而有些股票则会以小阳线的形式在较低的交易量下缓慢上涨，最终回到原来的价格区间。若股票在反弹时成交量没有有效增加，那么很可能只是技术性反弹，因此在这种情况下可以考虑放弃这只股票。

第二，能否出坑。黄金坑成立的关键在于股价能否在相对较短的时间周期内反弹回升。黄金坑股价进入主升浪的强度取决于出坑时的力度和速度。

第三，回踩确认。一般股价出现下跌后，会反弹至之前的低点以确认是否具备支撑，以及是否能成功突破支撑。有一些股票会在强势拉涨一定程度后进行震荡调整，并且这种调整通常发生在股价相对较高的位置（如图4-6所示）。如果回踩时坑面没有支撑作用，那么就应该放弃，如果跌破了也一样（如图4-7所示）。

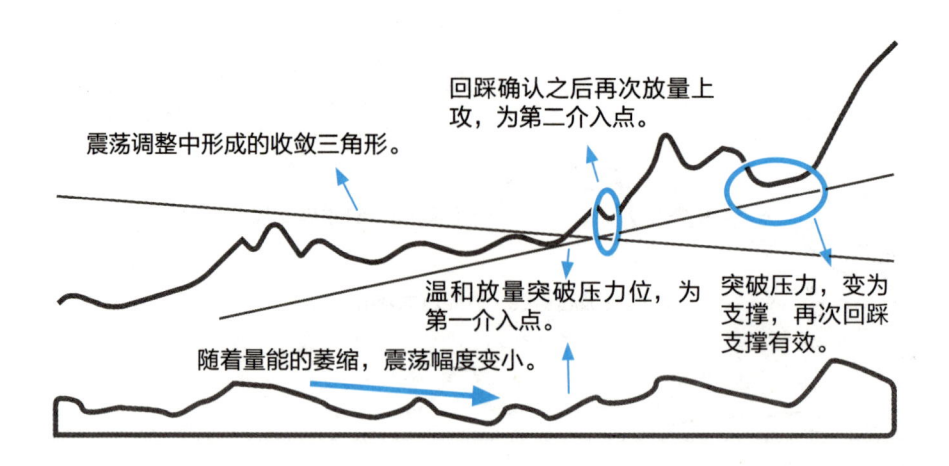

图 4-6　高位震荡调整示例

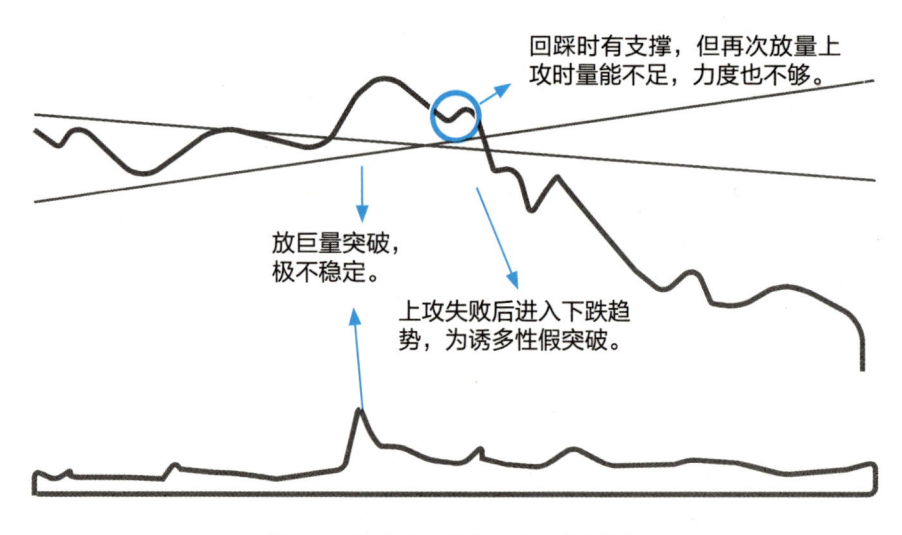

图 4-7　调整后突破失败进入下跌趋势

3. 介入时机的把握

第一，在股价已经止跌且进入反弹周期的时候，激进一些的投资者可以采取轻仓介入的策略。应当留意的是，此时黄金坑尚未确立，在这个时候介入，只能使用轻仓策略，并且只能抱有技术反弹操作的心态。此外，应在股价出现反弹力度弱且无量能的情况时及时退出，以避免接下来股价进入三浪下跌趋势带来的风险（如图4-8所示）。

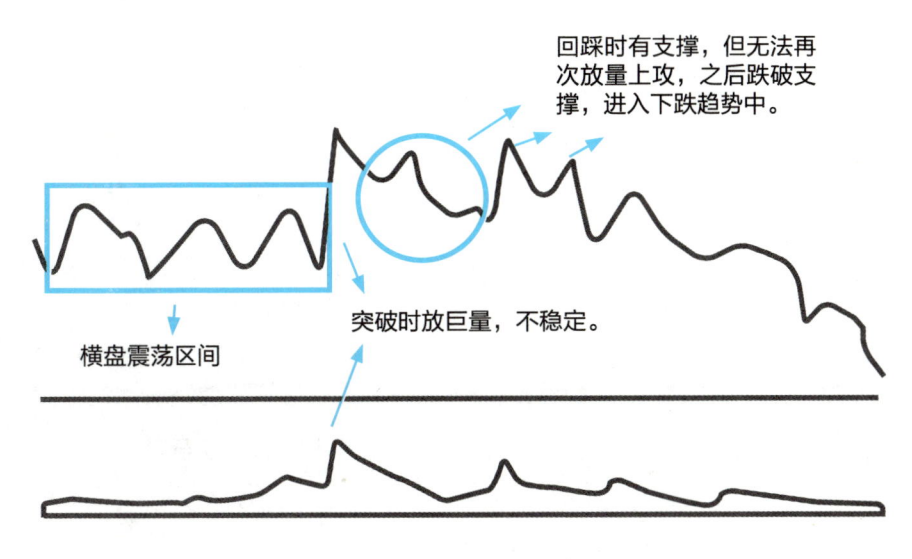

图 4-8 反弹力度弱后进入下跌趋势

第二，在股价成功恢复并稳定站在之前跌破的趋势线之上，以及有均线支撑后，再次出现放量上升时，投资者可以介入。如果不能站稳，就必须放弃。

第三，根据股价突破坑面的力度和速度来确定介入点，并布置仓位。如果要采用重仓介入策略，那就要快速、有力，反之则要采用轻仓介入策略。

第四，如果在出坑后，股价回踩坑底时得到支撑，并且确认为有效突破后再次出现放量上攻，那么这就是可以介入的时机（如图4-9所示）。当股价在一定空间内上涨后，在高位进行盘整，然后再次放量拉升时，也是合适介入时机。

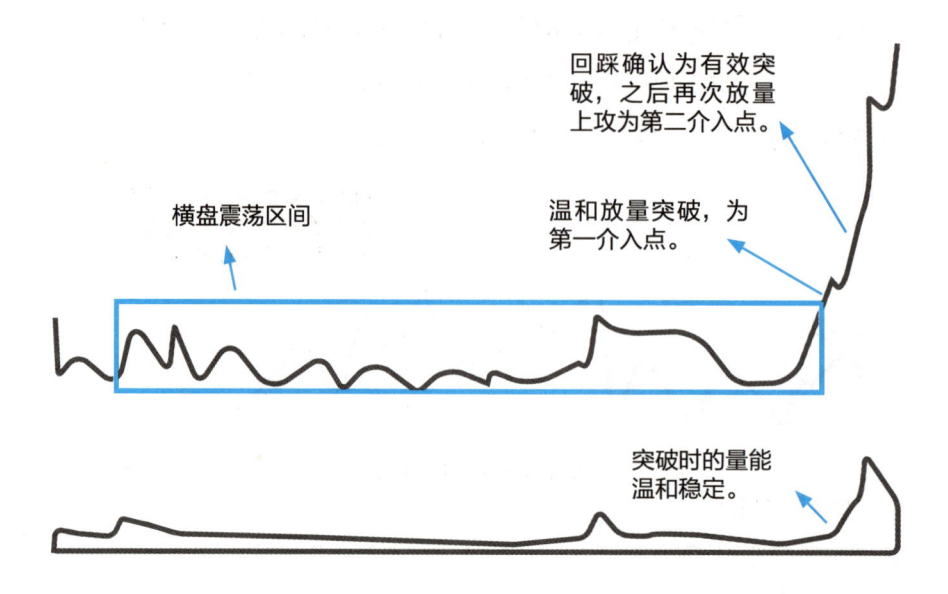

图 4-9 出坑后有效突破可以介入

上文所述为黄金坑的详细讲解，包含了技术要点和操作要领。主力花费大量时间、精力和财力完成这个动作，就是为了更好地向上发起进攻，远超普通的上涨趋势。假设我们之前持有这种类型的股票，我相信当股价下跌至破位时，最好的选择是先卖掉所有股票，以避免不确定的风险。因为黄金坑成立之前无法确定它是否会跌破位并进入漫长的下跌趋势，但如果黄金坑成立了，就可以安全地介入。

> ★ 恒哥心得
>
> 第一，每个板块都会有领头羊，这些领头羊一般具备四个特性：股价较低、具有行业垄断性、与其他热门题材有关联，并且市场消息不断。因此，要抓住龙头股可以从这几个特性入手。

第二，股票的核心在于成交量。低位放量的股票值得关注，可以考虑介入，但是如果股票在高位放量，就需要注意准备离场了。

第三，如果一只股票在上涨时出现缩量回踩的情况，这通常是主力在洗盘，可以考虑介入。最好的强势股介入点是股价偏离均线过远时出现收缩量小阴线的时候。

第四，当将RSI指标参数改为22，且RSI指标从低位上涨至50以上时，通常会出现一轮大涨，此时参与交易可以获得可观的盈利。如果RSI在高位形成顶背离，也就是股价创新高的同时，RSI却没有创新高，那么一定要及时离场。

第五，在做短线操作时，不需要区分股票优劣，只需要区分庄家的强弱和股票的趋势强弱即可，股票只可分为强势股和弱势股。

第六，强势股的成本线有5日和10日均线，主力往往不会让股价跌破成本线，因此只要股价不跌破10日均线，该股就不会被出售。如果股价跌破了10日均线，且5日均线也出现向下趋势，就需要离场。牛市中的一些股票在洗盘时有可能会稍微跌破10日均线，但通常不会跌破20日均线，因为如果破了20日均线，就意味着大势不好，这种情况很难再挽回了。

第七，有时候，采用追涨杀跌的策略是非常有用的。强者总是保持强大，而弱者则总是持续衰弱。

第4节 蛟龙出水形态详解

股票在上涨时通常会发生洗盘的情况，而强势股票的洗盘则更加激烈。主流热点的炒作周期长，调整周期也相应较长，有些调整期可能延长到几个月甚至半年以上。投资者需要忍受孤独的感觉，并且不要被主力的策略所影响，否则等到股价上涨的时候，将失去投资的机会。

只要发现股票出现蛟龙出水形态，就可以毫不犹豫地买进，然后等待主力"抬轿"。只要认真学习领悟，市场给你的奖励可能会超出你的想象。

1. 蛟龙出水形态

某只股票经过长期的底部横盘震荡后，其年线逐渐呈现平稳趋势。但有一天，该股票的交易量突然大增，不仅突破了年线，还冲破了短周期均线，形成了一阳穿多线的走势图形。这时，该股票的K线图上出现了一根高高耸立的大阳线，形如龙抬头，这种形态被称为蛟龙出水形态（如图4-10所示）。

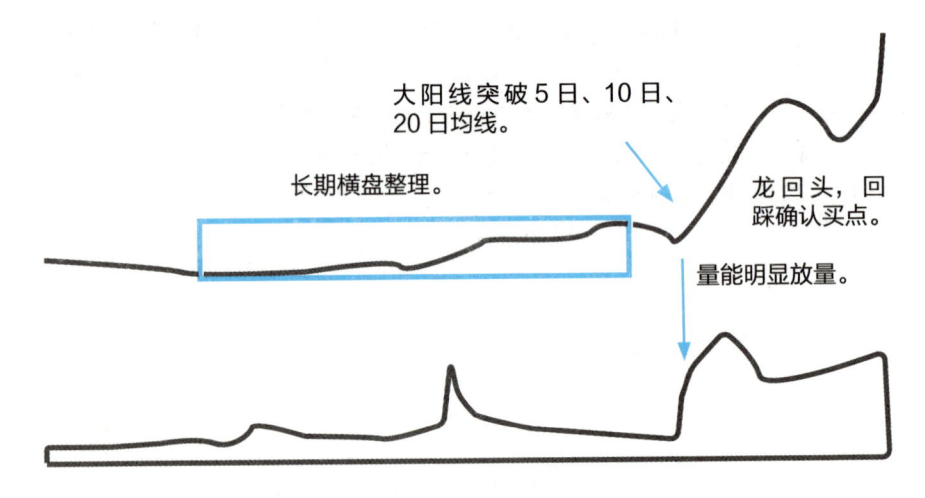

图4-10 蛟龙出水形态示例

2. 蛟龙出水形态的特征

第一，股价在年线下持续下跌，形成典型的底部并伴随着成交量明显萎缩，出现了地量。

第二，股价长时间保持底部水平震荡，此时年线从下跌逐渐转为平稳。

第三，股价反弹突破年线时，放量平稳，阳线的涨幅越大越有利于突破，而涨停板则是最佳的情况。

第四，5日、10日、20日和30日等均线的黏合程度越高越好。最初，这些均线低于年线，但一旦股价突破，它们便会上移至年线上方。

第五，股价突破时穿过的均线越多越好，最好是一阳穿过三线，甚至是五线（如图4-11所示）。

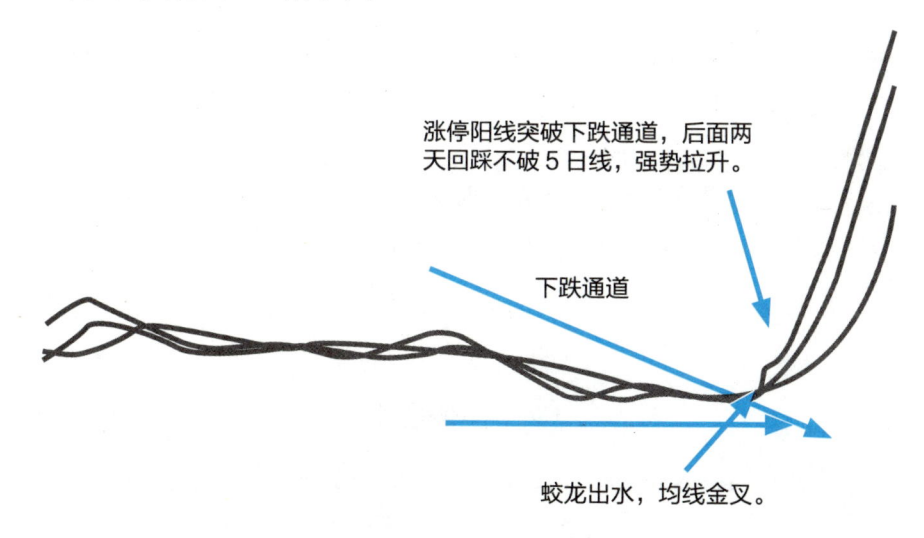

图 4-11 蛟龙出水形态特征示意

3. 蛟龙出水形态的介入时机

第一，若一阳穿多线，则当天介入。

第二，突破后回踩的时候不破均线，则可以介入（如图4-12所示）。

4. 蛟龙出水形态的注意事项

第一，出现蛟龙出水形态时，要注意周线形态，如果周线形态不好，蛟龙出水形态的反弹可能会失败。

放量上攻，腾出水面。

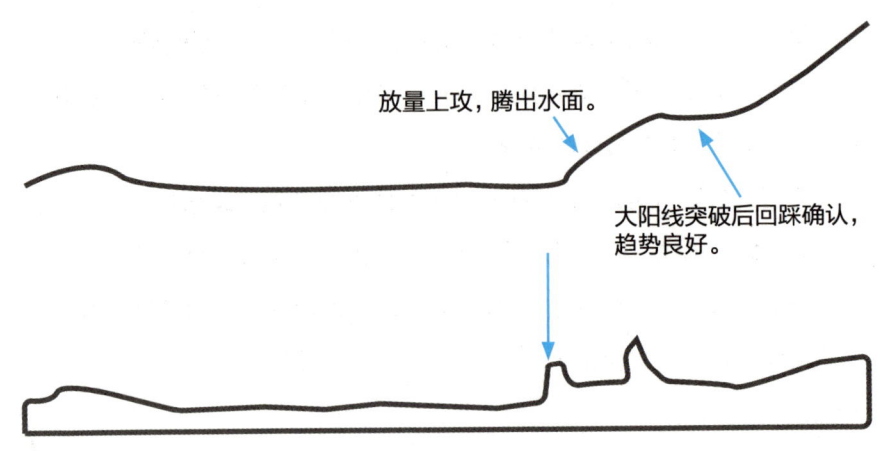

大阳线突破后回踩确认，趋势良好。

图4-12 蛟龙出水形态的介入时机

第二，如果蛟龙出水形态出现时成交量没有增加或者成交量大到惊人的程度，那么可能会出现虚假突破的情况。

> ### ★ 恒哥心得
>
> 为什么95%的做股票交易的人最终会被市场打败出局？股票交易的最大困难并不在于选股或买卖，而在于等待的过程。等待是人生最难熬的事情。
>
> 下跌有助于清洗浮躁之心，而上涨则会考验人们的涵养。炒股能促使我们不断成长，尽管成长是痛苦的，但这种痛苦不是来自成长本身，而是来自成长过程中我们必须面对的许多改变和刻骨铭心的经历。
>
> 那些足够自律的股市投资者，无论是在痛苦中还是在欢乐中，他们都能保持冷静并控制自己的情绪。
>
> 在股市中，散户常常会追逐已经涨高的股票，而放弃那些还未开始上涨的。就像生活中，人们往往忽视自己所拥有的，却总是重视未能得到的东西。

很多人炒股亏钱的原因其实并非想法过于简单，而恰恰是想法过于繁杂。人生的快乐并非取决于得到多少，而是取决于计较多少。

那些在股市中坚信自己并且始终如一的人，基本上都成功了。

如果一个富豪提出一个条件，只要你在接下来的三年中，每周读两本书，每天5点起床跑步一小时，然后在7点~21点从事你喜欢的工作，并严肃对待，完成条件后，他就会支付给你一亿元的报酬。你认为自己能做到吗？我想，大多数人都有能力做到。

但如果没有人与你敲定一亿的约定，而是告诉你只要一直坚持下去一定会赚到大钱，你还能坚持吗？很明显的是，绝大多数人做不到。

很多人对这种无法兑现的合约持怀疑态度，但这个故事实际上反映了现实生活中大多数人经历过的事情。因为那份合约就是我们的理想和目标。

为什么在股市中，相对于所谓的聪明人，那些看似不太懂股市的人更容易获得成功呢？因为他们敢于相信那些别人不敢相信的事情，并能够坚持做那些别人不敢坚持做的事情。

如果巴菲特告诉你，在A股上证指数的325点大底、998点大底、1664点大底、1849点大底区域附近买入，在牛市坚持，他就给你3~5倍的盈利，你能够做到吗？

我相信多数人都有能力做到这点。

如果没有这份承诺，而是让你在2449点开始逢低布局，到牛市同样也会有3~5倍的回报，你能够做到吗？

我认为大多数人无法做到。因为大多数人更习惯用现在的情况来预测未来，而不是以未来的情况来判断现在。

一个比较长的时间周期往往能够掩盖许多短期的危险和意外。如果缩短这个周期，你就会发现这些问题会给你造成非常大的伤害。

如果我们处于熊市，很多人感到恐慌、害怕和担忧。我们经常高估短期变化的影响，低估长期发展和时间的力量。但实际上，后者才是更具影响力的。散户容易失败的原因就在于此。

第5节 倒垂杨柳形态详解

如果一只股票出现了倒垂杨柳形态，就意味着空头已经无力，而后投资者只需静待股价飞涨即可。倒垂杨柳形态来源于主力投资者做空股票的手段，主力利用散户的好奇心理吸引他们卖出股票，自己拿到筹码后，便掌握了市场的控制权，从而达到了洗盘的目的，接着便会快速地推高股价。

这种形态在视觉上很容易理解，但投资者在实际应用过程中往往会遇到失败的情况，需要特别注意细节问题。

1. 倒垂杨柳形态

倒垂杨柳形态指的是在股价上涨时，某一天出现了一根巨大的阴线，且成交量达到了近半年来的最高值，随后股价收出了一根至少达到前一天成交量一半长度的阳线，形成了巨阴后面收阳的图表形态。

通常情况下，主力投资者会故意拉高股价，然后顺势下滑，以此来清理市场上不稳定的股票筹码。此举可以模拟拉高股价以便出货，从而吸引散户抛售他们的股票筹码。接着，主力投资者会开始大规模收购筹码。于是在巨大的成交量下，股价收出了一根阴线，并出现了倒垂杨柳形态。此形态预示着该股票即将启动一波大涨行情，迎来主升浪（如图4-13所示）。

放量突破倒垂杨柳开盘价买进。

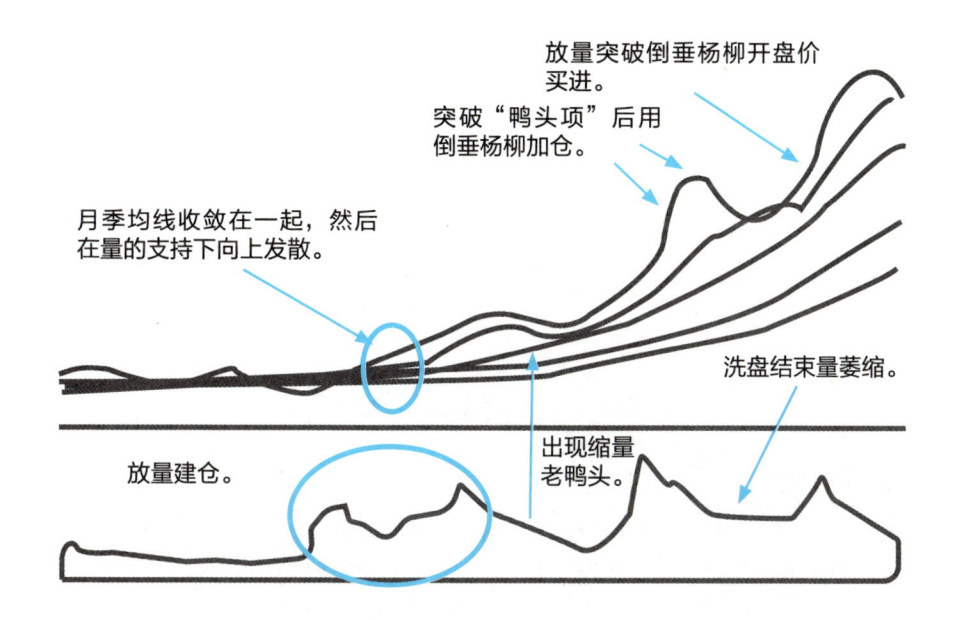

突破"鸭头项"后用倒垂杨柳加仓。

月季均线收敛在一起，然后在量的支持下向上发散。

洗盘结束量萎缩。

放量建仓。

出现缩量老鸭头。

图4-13 倒垂杨柳形态的出现

2. 倒垂杨柳形态的选股

第一，选股时，主力的操作是关键因素之一。要判断一只股票是否能在后期拉升，需要先观察该股票是否有主力在操作。在这一方面，一个重要的指示信号是"倒垂杨柳"K线组合，它会表现出大幅高开低走的形式，代表着常见的洗盘手法。这个信号明显提示主力资金开始运作这只股票（如图4-14所示）。

第二，股市中，低位横盘震荡的个股一般是主力操作的对象，因为他们会从低位的股票开始做盘。此时，该股票往往会处于横盘箱体状态，这个状态一般会持续3~5个月，以便有足够的时间让该股票沉淀并释放其潜在价值。

第三，如果这只股票基本面稳定，所属公司的业绩报告显示收益稳定，且公司未出现重大变故，那么会备受主力资金青睐。如果市场有不错的利好消息，该股票有望得到提振并上涨。

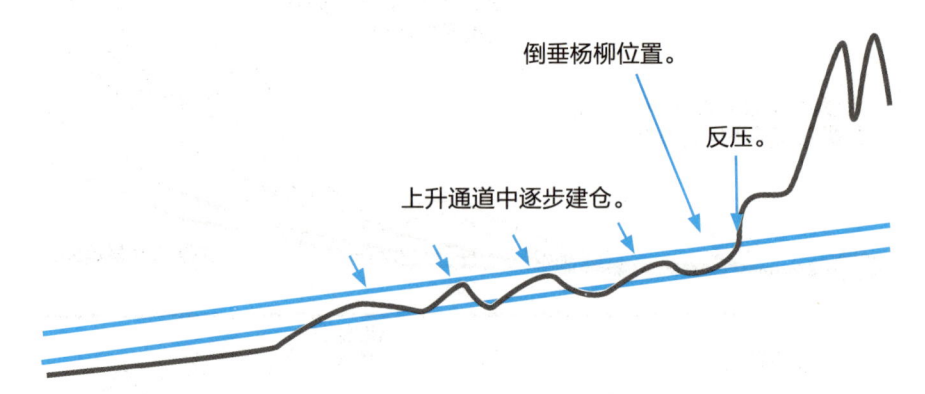

图 4-14　主力操作洗盘出现倒垂杨柳形态

第四，当某只股票出现底部平台的"倒垂杨柳"K线信号时，主力会进行洗盘。虽然这个过程可能会比较长，有可能需要3～6个月的时间，但由于有主力的存在，这些股票最终会被拉升，因此需要耐心等待。

3. 倒垂杨柳形态的注意事项

第一，在个股出现倒垂杨柳形态的初期时，建议先冷静观察是否符合介入的条件，不要急于进场。如果无法耐心等待而提前进场，也要根据分时走势设置合适的止损点，并在第二天量能不济的情况下及时离场。

第二，不能考虑那些疑似倒垂杨柳形态的，凭借感觉行事是绝不可取的。

第三，如果量能继续萎缩且连续3～5天跌至股价大阴线的最低点，则不建议买入。

第四，外部大盘环境如果连续10天呈现向下趋势，那就不要再考虑了。这种方法一般适合在大盘呈现上涨趋势时进行操作。

4. 倒垂杨柳形态的进场点

第一，如果你持有的股票中出现了一根巨量阴线，不要紧张，保持冷静并思考这只股票能够承受多大的下跌幅度，并决定在哪个位置设置止损点。当股价并未下跌到你设定的止损点，便又上涨时，表明该股票目前多头力量强于空头力量。这时，可以适当地进行低吸，并逐渐加仓。

第二，可以在巨量阴线出现后等待股价下跌，如果下跌到一定程度后反弹上涨，这时可以进场。

第三，如果5日和10日均线的市场表现正常并稳定上升，且处于60日均线上方，那么大量下跌的K线就可以被当做大量上涨的K线来看待。

第四，选择进场点要慎重，只能在股价放量冲过前期头部时进场。

第五，倒垂杨柳形态适用于大盘上涨的行情（如图4-15所示）。

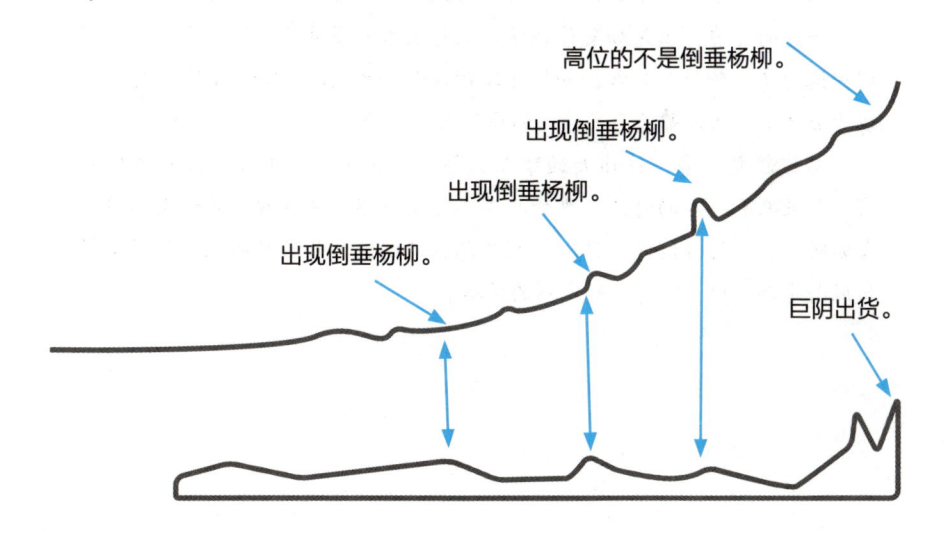

图4-15 上涨行情里低中位置的倒垂杨柳

⭐ 恒哥心得

股票投资成功的关键之一是要使自己变得强大。

有这样一个故事，一位擅长搏击的选手参加了锦标赛，他自信满满地认为自己一定能夺得冠军。在最终的比赛中，他的对手实力与他相当，两人难分胜负，便都拼尽全力互相攻击。在这位搏击高手打斗的中途，他发现自己无法找到对手招式中的破绽，而对方的攻击却总能顺利地突破他的防守漏洞。我们可以预料到比赛的结局，这位搏击高手在比赛中惨败于对手，同时也失去了获得冠军奖杯的机会。

可见在一个领域中成为高手还不行，还要更加精进，成为没有漏洞的高手。

冯仑在《野蛮生长》中曾经提道："决定伟大的有两个最根本的力量，时间就是其中之一，时间的长短决定着事情或人的价值，决定着能否成就伟大。"

书中还举了个喝水的例子，大意是说，在一般情况下端杯子喝水只是一种普通的行为；但是如果你能保持端杯喝水的姿势长达50个小时，就可以被认为是一种行为艺术；如果你保持这个姿势超过5000个小时，那你就成为雕塑了。伟大都是通过时间的磨炼而实现的。

若你想要从事一件伟大的事业，第一步就是要考虑你要投入多少时间。如果只有一年的时间，那你几乎不可能取得伟大成就，而如果你有20年的时间，就有可能成就伟大。那又怎样度过这么长的时间呢？肯定要经历风雨才能成功，没有一帆风顺的道路。

第6节　马踏飞燕形态详解

每个人的炒股习惯都不相同，但多数人都倾向于进行短线交易，频繁买卖，以期快速盈利。这种想法并没有错，但频繁操作也会带来更多的出错机会。很多人把炒股视为副业，由于缺乏时间，他们无法一直关注市场，常常错过最佳的交易机会。

在马踏飞燕形态中寻找机会是一个抓中长线的好方法，如果在炒股过程中遇到马踏飞燕形态的股票，应当果断行动，因为这是主力反复洗盘、准备拉升的形态。投资者如果想要轻松地获得利润，建议认真钻研这种形态并且持续学习，直到精通为止。

1. 马踏飞燕形态

当股价经历长时间的低迷后，若能站稳60日均线并开始缓慢上升，这条线便像成群结队地集结在底部进行蓄力的燕子一样。经过多次震荡之后，股价就像一匹马踩在一只燕子身上，迅速上升，这种形态被称为马踏飞燕，在市场中比较常见（如图4-16所示）。很多股票在经过主力长时间的洗盘之后，就会进入快速上涨的阶段。

2. 马踏飞燕形态的技术要点

第一，股价的走势与其60日均线有关，前期平稳，后期呈上升趋势。若股价能站稳60日均线，需要有足够的交易量支撑，且交易量越大越好，这代表着吸筹已经做足了准备。

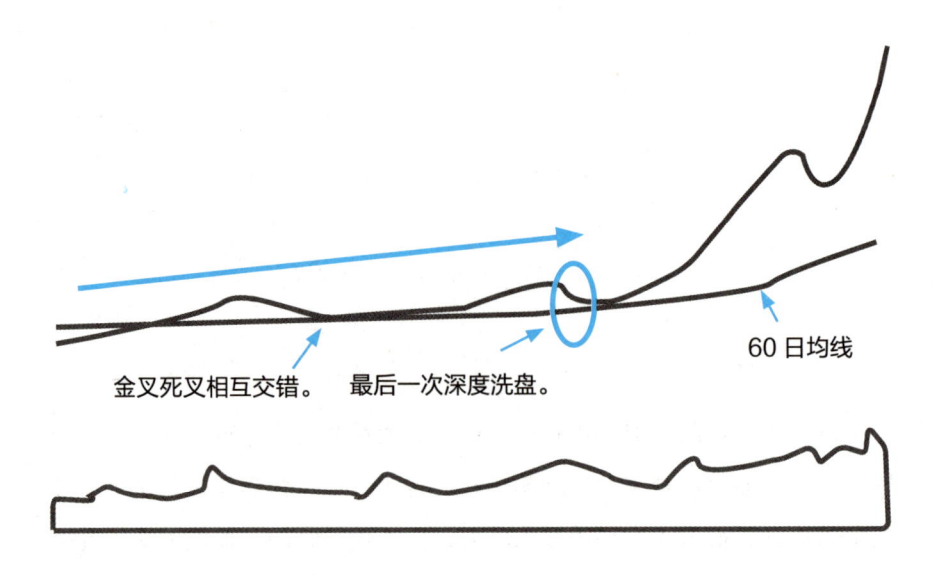

金叉死叉相互交错。　最后一次深度洗盘。　　　　　　60日均线

图4-16　马踏飞燕形态示例

第二，股价整体缓慢上涨时，倾斜角度不要超过45度，最好在30度左右，以免出现"妖股"。

第三，前期通常会有一个小幅度的洗盘，在大幅上涨之前，往往还会发生一次比较深度的洗盘，这会造成一个假象，即股票在短期内会大跌，这种假象会导致部分散户因为坚持不住而离开市场。

第四，股价上涨之前不要出现明显的放量，否则上涨幅度会受到影响。

第五，在燕群阶段时，股票价格稍有波动，均线的金叉和死叉相互转换交错，为期至少半年，甚至长达一年以上，并有逐步缩减的趋势。

第六，介入时机的选择有三种方法。首先，观察60日均线是否从底部突破，但需要注意的是，由于60日均线动作缓慢，因此较难察觉。其次，为了避免风险，建议在股票价格接近支撑线，通常是在10日均线附近，出现缩量洗盘时买入。最后，燕子群的前期震荡可以用一条斜线来表现，价格突破上沿线时，就是介入的时机（如图4-17所示）。

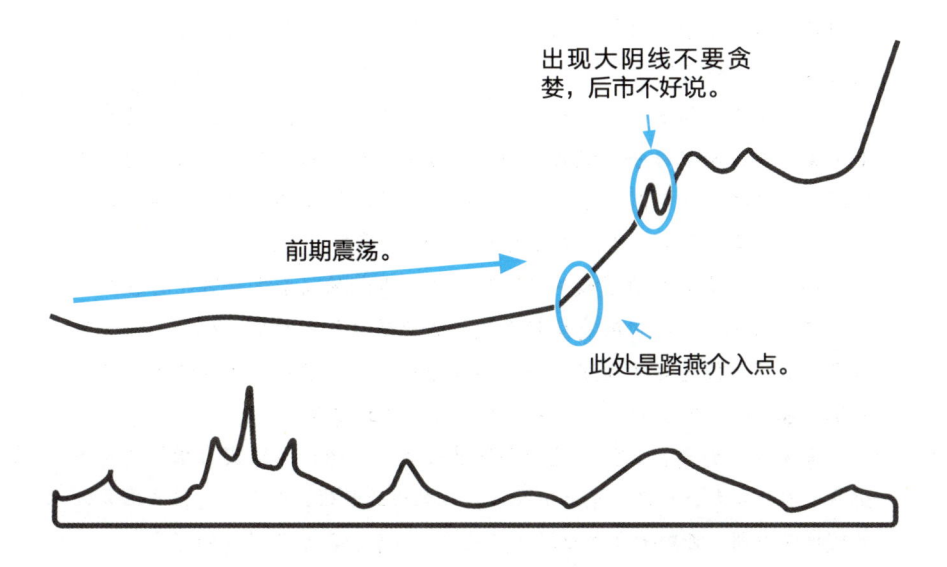

出现大阴线不要贪婪，后市不好说。

前期震荡。

此处是踏燕介入点。

图 4-17　马踏飞燕形态的介入时机

⭐ 恒哥心得

这么多年以来，我都坚持用笨办法在股市中赚取利润，因为我坚信，这条路虽然难走一点，但一定是正确的路。

第一，买高股息的股票，这些股票一般来自低成长公司，因为市场对这些公司不看好，导致这些股票的估值水平较低。这些公司的市盈率远低于大多数公司，这为其提供了更好的安全保障。此外，由于公司不处于高速扩张期，其赚到的钱更愿意分给股东。持有这种被低估的高价值股票，虽然无法获得高额收益，但风险较小，每年可以稳定获得高于银行存款的收益。

第二，买大型银行股，并且持之以恒地参与新股发行。我国四大银行的股票估值很低，市盈率都不到10倍，且这些股票全都是破净股。银行在我国被称为"万业之母"，因为绝大部分行业的利润最终都要归于银行。通过研究几大银行过去的业绩，就能知道这一结论是非常可靠的。

虽然净利润增长率不算很高，但每年都能保持稳定盈利，长期持有基本不会亏本，而且每年还能获得约10个百分点左右的收益。在持有股票的同时，要坚持申购新股，如果运气好，中签价格较高的新股可以获得数万元的收益，既不会有风险，又具有可观的收益前景。

第三，投资大型消费股和实力医药股。人们的消费需求常年存在且较为稳定，因此投资消费股有望带来良好的业绩增长和回报。此外，消费股本身也能够持续受益于通胀。而医药股呢？人类除了基本的生活需求外，健康需求是永恒不变的，长期来看也是大牛股的培育地。

需要注意的是，在投资消费和医药领域时，必须选择实力雄厚的龙头企业。因为未来将会是一个只有赢家才能胜出的时代，而且这类投资需要较长的投资周期。否则如果在市场高点购买，可能会面临阶段性的浮亏。

第7节　高位不下，阳线震荡形态详解

在股市中，高位不下、阳线洗盘是主力逼空的一种手法，是最强势的洗盘手法之一，其目的是让投资者没有捡筹码的机会。主力在用这种手法洗盘时会保持相对温和的成交量，偶尔出现阴线时，成交量会急剧下降，这进一步证明了主力的控盘能力非常强劲。我会特别关注这种情况，因为这往往表示主力正在通过强势洗盘行为控制局面。一旦机会出现，便可抓住它，享受加速行情带来的盈利。

1. 关键要素和操作技巧

第一，当股价处于相对底部的区域时，如果突然出现了倍量拉升，这意味着有主力进入市场并进行大量的收购，股价会快速脱离底部区域，并产生一定的上涨空间。当股价处于上升趋势并放量突破上方压力位时，出现高位不下、量能温和的洗盘形态也是有可能的（如图4-18所示）。

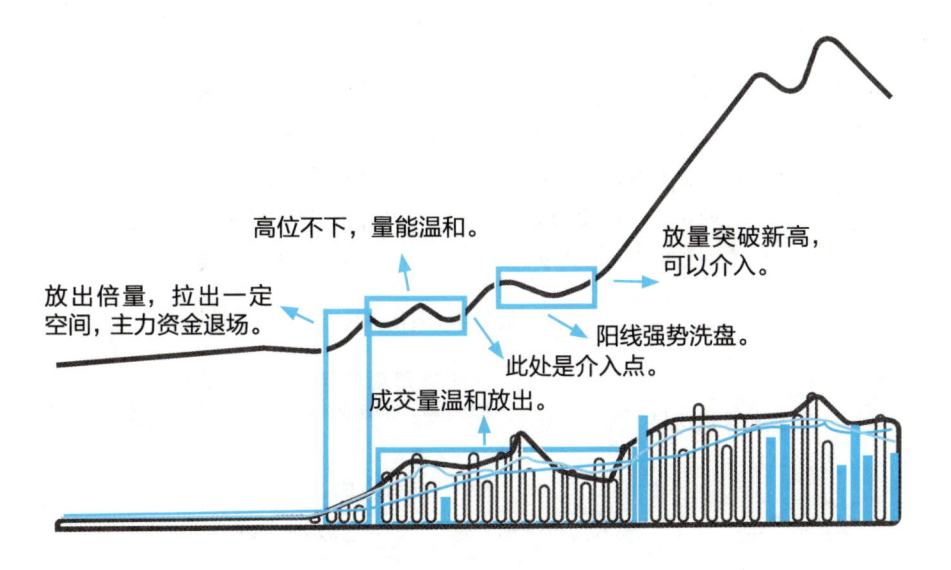

图 4-18　高位不下、量能温和的洗盘形态

第二，洗盘时股价几乎位于高点附近，如果开始下跌，就会迅速反弹，虽然看上去下跌不明显，但是振幅非常大，对普通投资者来说很难承受。有些股票甚至在高点不断上涨，更加强势，使投资者只能选择接受洗盘。

第三，在股市中，当高位震荡洗盘时，成交量通常表现得比较平稳，除非出现阴线，否则成交量不会迅速萎缩。这种情况通常发生在阳线洗盘时，也就是收盘时出现阳线或者假阳线。这种情况说明主力控盘力度很强。

第四，最佳的洗盘时间长度为5～9天，如果时间太短会对之后的上涨产生影响，因为可能洗盘不彻底，导致上涨时遇到抛压。时间太长的话，则会导致之前聚集的人气和势头消散，从而为再次聚拢带来很大困难。

第五，洗盘结束后，股价会出现一根大阳线，量能会明显放大，并突破之前高位震荡的高点。这时，股价在盘中突破高点，便是可以考虑介入的时机了。如果股票涨停了，就不需要等到价格太高再买入，可以追涨买入。但此时需要注意控制仓位，因为主力有能力操纵市场，洗盘的情况难免会出现，因此要考虑分散仓位（如图4-19所示）。

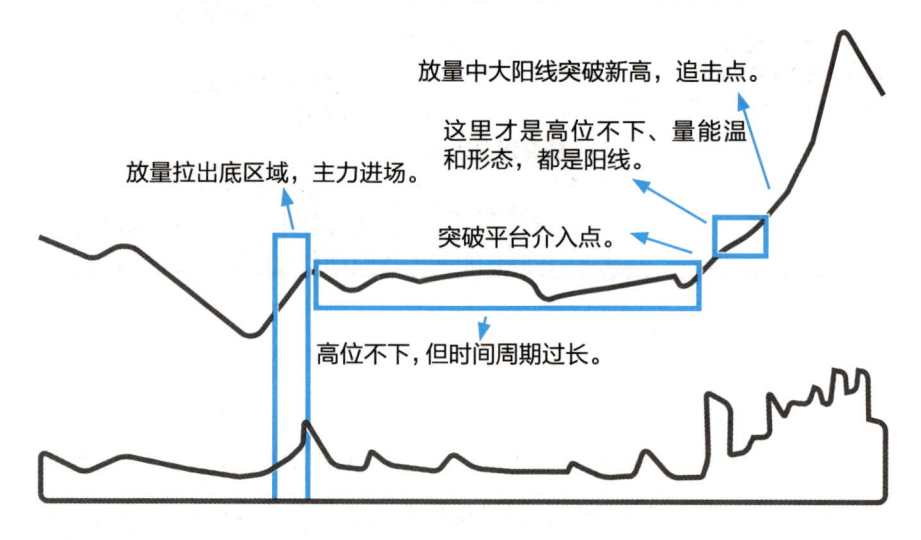

图4-19 洗盘结束后的介入时机

2. 应变措施

如果出现追买股票时炸板的情况，应当考虑第二天能否放量并再次创造新高价。如果能够放量再创新高，就可以考虑进行追击操作，并采取相应的应变措施；如果不能，股价会进行回调，回调时会迅速降低成交量，以降低主力出货的可能性；如果是放量下跌回调，最好先离场规避，耐心等待下一次机会。如果进入时是在突破过程中，那么同样适用此原理。

如果主力在洗盘时采取强硬的策略，之后的上涨空间就会更大。同时投资者需要控制好仓位，随着股价趋势的明朗化，可以逐渐追击，这样会更加安全可靠。不要盲目碰运气，宁愿在高点位介入，因为我们所看好的是之后一波可预期的上涨行情。

需要明确的是，这里所说的"高位"并不是指股价已经翻倍后的高点，而是股价从底部拉开一定空间后形成的高点，或者是突破之前的上升压力和平台压力所形成的高点。

> ⭐ **恒哥心得**
>
> 　　90%的散户在A股市场不赚钱，是什么原因造成的？来到A股之前，许多人都自诩是聪明人，有些人甚至是所在领域的佼佼者，但在资本市场还是碰得头破血流。
>
> 　　领悟这个市场的规律需要多长时间？需要多长时间才能保住投入的本金？如何能够获得收入？我有一个朋友，他对我的投资能力非常羡慕，因为我能够拿得住，并且愿意重仓，甚至在赚钱后能够一年不动。但是他只能拿几天，总是苦恼由于拿不住而错过了很多机会。
>
> 　　其实我也很羡慕他，他能够灵活地进行短线交易，并且除了投资股市外，能花更多的时间去旅游和做他喜欢的事情。谁能理解那些天天观望市场变化的内心煎熬呢？另外一位朋友的炒股时间只有几个月，但她的市场逻辑非常清晰，能够精准地把握市场风向的转变和上涨规律。相比之下，

> 我花费了很长时间才能理解这个市场。
>
> 还有什么也不会的朋友,就购买一只股票就能盈利。
>
> 如果没有清晰的认知,没有专业知识和好运气,那么炒股很可能会失败。我们需要用可行的方式和可行的计划来解决问题。
>
> 炒股有两个关键点,其一是认清自己,其二是认清市场。认清市场就是要理解市场规则,以灵活的方式应对变化,并总结经验教训。这需要一点点运气和选择合适的时机,同时要懂得进退,不要总是盲目跟进、满仓操作。

第8节 斜阳西下形态详解

斜阳西下是低位速涨黑马的一种形态,这种形态也是黑马三十六计的精华之一。若遇到斜阳西下形态的股票,我会果断入手,看它是否会大幅上涨。若投资者希望轻松地获得收益,建议认真学习并精通此形态的相关操作。

1. 斜阳西下形态

当股票出现重大利空消息或受到其他不利因素的影响,导致股价急剧下跌时,如果主力没有来得及离场,为了自救,他们会在股价持续下跌的过程中试图压低股价。

尽管价格正在下降,但K线图呈现出规律的小阴小阳交替的情况,形成一个持续的下降趋势,类似于夕阳的景象,被称为斜阳西下形态。在主力吸筹的过程中,这种趋势十分明显(如图4-20所示)。

股价除权大幅腰斩。

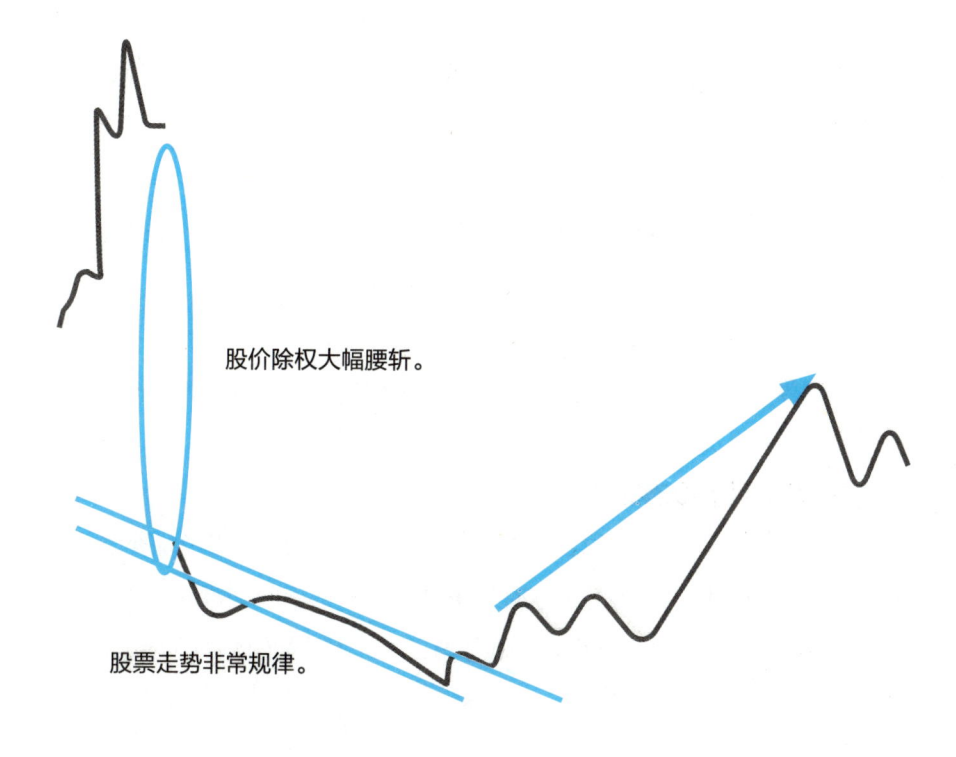

股票走势非常规律。

图 4-20 斜阳西下形态示例

这种特殊的K线形态说明主力拥有高度的控制能力，也说明这只股票有很大可能变为长期上涨的优秀股票，是值得我们投入的目标。

2. 斜阳西下形态的要点

第一，在股票出现下跌前，最好有较大的利空消息或除权等因素导致股价快速从高位跌落。

第二，K线图中的斜阳线一定要出现在下跌的谷底处，而不能出现在相对较高的位置，因为如果在那种情况下持续下跌，就不会是主力资金在吸筹，而更可能是在出货。

第三，K线走势保持规律，不失去章法，基本上处于下跌趋势中。走势越有规律，则意味着主力控盘力度越高，未来的爆发越大。

第四，下跌的速度应该缓慢，不能太快，因为如果下跌太快，主力就来不及吸筹，这会导致后期必须长时间洗盘，这样也就不适合介入了。

第五，当股价下跌到底部时，最好出现标志性的企稳K线，如下影线或大阳线等，同时这只股票的交易量也需要增加。

第六，如果个股股价出现斜阳西下形态，应该先冷静观察，不要急着进场。等待股价突破前期的下降通道后再少量介入，次日再观察趋势是否稳定。如果仍未稳定，要果断在分时高点撤离。

3. 斜阳西下形态的注意点

第一，如果一只股票的后市中出现了斜阳西下形态，那么说明这只股票可能是一匹长线大黑马，这时投资者需要耐心等待一段时间进行建仓、洗盘，或者等待洗盘结束后再进行第二次介入（如图4-21所示）。

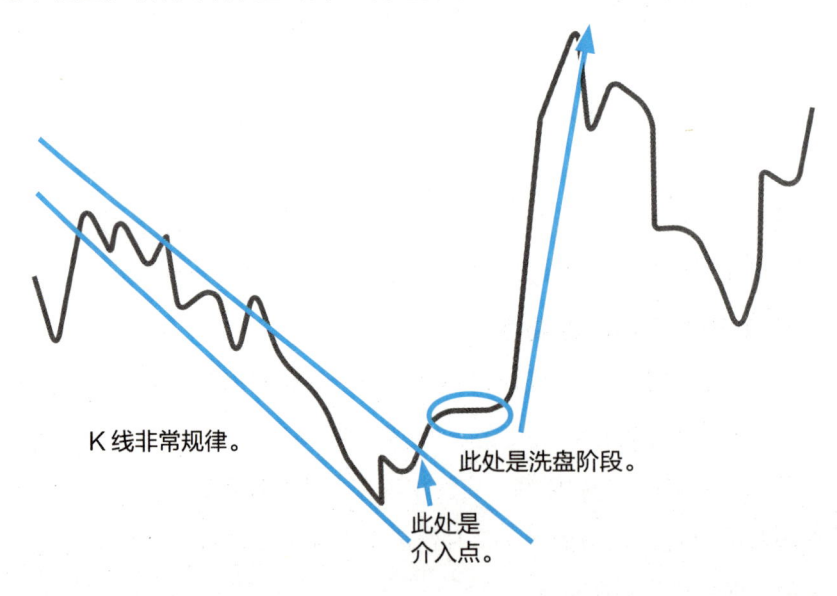

图 4-21　斜阳西下形态的洗盘和介入

第二，在某些情况下，由于主力被套得太深，会出现两次斜阳西下形态，这时不要急于加仓，因为这种情况通常会带来更大的后市涨幅。

第三，我们需要灵活掌握每一种K线形态和相关的技术分析，因为它们容易被主力反制。只有跟随趋势才能实现盈利。

⭐ 恒哥心得

涨跌是股票价格变化的反映。人们所说的大起大落并不是指每天上涨或下跌一点点的小波动，而是指股价连续多日大幅度地波动或每天波动的幅度较大。

底部区域的股票成交量必须足够大，特别是股价振幅必须要充足，反弹力度才会大。如果股票在底部的成交量和振幅都很小的话，就说明其缺乏弹性，意味着后市潜力可能不太大。

一只股票常常同时出现在涨幅榜和跌幅榜的前列。在庄家没有赚到钱的情况下，那些价格波动较大、高风险但也有可能高利润的股票有机会成为投资黑马，因此值得格外留意。

要成功把握股市上涨的机遇，最重要的是准确判断股价上涨趋势是否真实可靠。我有以下经验和大家分享：

第一，如果股价一直没有上涨且定位不高，那么真涨起来的可能性就很大。

第二，如果股价距离庄家的成本不远，那么它就有很大的上涨概率。

第三，股价处于低位且经过充分的盘整后，其上涨的可能性更高。

第四，如果没有明显的利好刺激因素，股票仍然上涨，那么真涨的可能性很大。如果股票出现了突发利好消息，上涨可能只是暂时的，而对已经涨幅巨大的股票来说，下跌马上就会到来。

第五，如果没有相应的成交量来配合上涨，那么上涨的真实程度就不够可靠。除非这只股票经历了大量的震荡整理后，成交量才开始缩减，而这种行情多见于那些被操纵控盘的股票，而普通个股种并不会太多。

第六，如果股票价格没有持续不断的小阳上涨且放量温和，那么就是没有气势的虚假上涨，这种上涨是具有欺骗性的。

第七，股票价格如果涨幅过快，除非经过长时间的震荡整理并且量价配合理想，同时也刚刚进入庄家拉升阶段，否则需要小心可能出现的震荡或反转。

第八，通常那些在市场上行情不佳的股票，往往是主力使用了一些小技巧，导致股价长时间不上涨，令人感到厌烦。但也有可能是一只大黑马，只是因为股价曾经全面震荡并经历了大量换手，现在处于不是很高的位置，而股东对持股缺乏信心，不愿意参与。

第九，一只股票经过充分的炒作后，股价开始下跌，后续可能会出现若干次间歇性的上涨，但即使有时候上涨的程度较高，也仅仅是短暂的反弹罢了。对于这种股票，尽快离场是更明智的选择，不应该抱有任何幻想。

第十，需要清楚地认识到涨跌的实际情况。上涨也不一定有益。在股市中，顶部阶段的成交量增长迅速，下跌过程中单日成交量也会剧增，而平衡市和熊市中的反弹也会有暴涨的情况出现，但这种暴涨并不一定是好消息。因此，投资者需要从辩证的角度来看待股价的上下波动。

第9节 单阳不破形态详解

单阳不破是一种K线形态，可以被用来专注捕捉主升浪。这种方法我在炒股初期就开始使用了。即使是没有炒过股的朋友，只要仔细研读，也能获得丰厚的收益。

1. 单阳不破基本形态

在股价出现大阳线后，经过几天的横盘整理，这几天的K线都在阳线实体之中，时间通常为6~8个交易日。接着，在这个盘整期之后，如果再出现一根放量的大阳线，那便是进场的时机（如图4-22所示）。

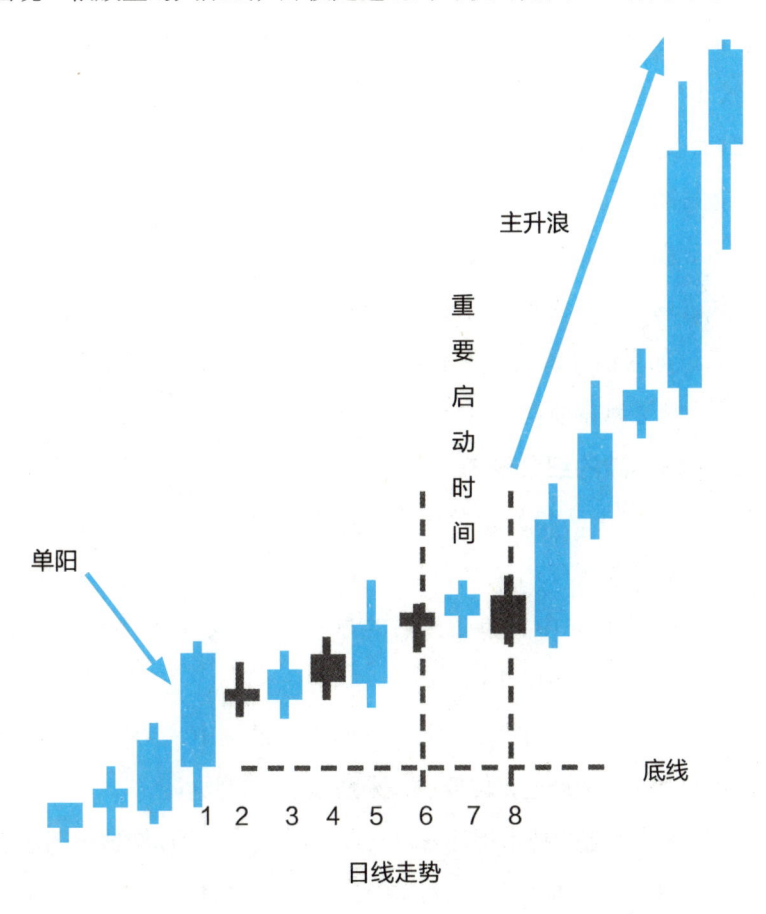

图4-22 单阳不破基本形态示意图

2. 单阳不破形态的要领

第一，在单阳不破出现后，股价出现上升趋势时，必须有足够的交易量才能显著提高交易成功率。

第二，20日均线单阳不破，说明市场处于强势状态，因此后市可能会迎来上升趋势。

第三，在股市中，如果一个股票连续盘整波动的时间不超过10个交易日，而且在第6个交易日出现一根大阳线，那么这只股票很容易出现下跌趋势，因为它的横盘时间久了，没有相应时间内的上涨势头。

第四，在盘整期间，小K线中的阳线比阴线多。然而，如果在盘整期间阴线数量超过五根，那么后市股价就不太可能上涨。

第五，要在股票价格从底部上涨10%以上或者底部已经经过一段时间的盘整后进场，否则会面临较大的风险。

第六，如果前期筹码峰上的获利盘较少，那么后市有较大的上涨可能性，因此需要观察前期筹码峰。

3. 单阳不破的细分形态

第一，强势形态指的是单阳之后的盘整过程中，阳线数量比阴线多，且上下影线长度在5个点之内。

第二，一般形态中，单阳之后的盘整过程中，阴线和阳线数量相近，上下影线的长度不超过5个点。

第三，弱势形态，即在单阳之后的盘整过程中，阴线数量多于阳线，形成向下的趋势通道，但低点并未跌破单阳的低点。

第四，K线形态和技术指标各有其局限性，主力可以塑造出图形。因此，在使用任何一种指标时，我们需要结合其他指标进行验证，才能达到盈利的目的。

⭐ 恒哥心得

第一，成交量是一个非常重要的指标，如果你能掌握它，你就能轻松战胜80%的交易员。

第二，量比小于0.5，属于明显的缩量现象。如果股票出现了缩量现象，同时价格还创下了新高，这通常表明主力在高度控制市场，并且没有出货的迹象。如果此时市场处于上升通道，那么获取利润的机会非常高。

第三，如果股票涨停且量比小于1，说明上涨空间还很大，次日再次涨停的可能性极大。如果股票的量比大于1.5并且股价突破了重要阻力位（如20日均线），然后股票出现缩量回调的现象，这就是不可多得的买入机会。

第四，最好持有两三只股票。对于散户而言，空仓和急于补仓是痛点，因为他们的本金较少且持有较多的股票，容易陷入侥幸心理，坚持持股到底。如果手里持有超过5只股票，就需要警惕。

第五，在大多数情况下，我的股票投资都是亏损的。为了应对这种情况，最好的策略是减少持股数量，并在趋势破位时，比如跌破20日均线时，及时出售。即使在牛市中，我也从未持有超过4只股票。

第六，建议投资者不要急于在早上大跌时割肉，因为下午通常会有反弹，但在尾盘大涨时应该考虑减仓，因为次日回调的概率较大。缩量上涨会继续上涨，缩量下跌会继续下跌，放量滞涨是出现头部的迹象，缩量止跌则预示底部已现，巨量急涨后必然回调。这些都是非常有参考价值的经验之谈，其成功率高达85%。

第10节 猎豹出击形态详解

行情往往在绝望时出现拐点，在怀疑中不断前行，并在狂欢中走向终结，这期间始终保持独立思考是必须的。不要盲从众人的观点，因为大多数情况下，这些观点都是错误的。否则股市为什么是少数人赚钱，而大多数人亏损呢？

顶尖的公司往往不喜欢夸夸其谈，而发展一般的公司也不会直接承认其水平不高。通常情况下，优秀公司的股价较高，不过这些公司的业绩一直在稳步增长。要评估股价是否贵，需要考虑未来几年的估值。如果预计未来几年盈利将翻倍，那么现在的股价还高吗？

猎豹出击战法是一种经典的短线策略，其核心思路是利用底部持续爆量拉升的趋势进行交易获利。股价底部持续爆量拉升，预示着庄家正在强势启动，这种形态的出现可以帮助投资者顺利把握后市上涨幅度较大的行情。

1. 猎豹出击形态

股价在长期下跌后开始呈现横盘趋势，并逐步抬高股价的低点，成交量也呈现适度的放大趋势。突然一天，成交量放大且持续增加，股价得以上攻并稳定站上60日均线，同时60日均线的趋势也变得平稳，甚至向上，这便是股市中猎豹出击形态的表现（如图4-23所示）。

要注意的是，如果股价长期下跌中出现某一天突然放量上涨，接着又缩量滞涨或回落，这就不是猎豹出击形态，而是诱多。

长期下跌后芝麻量出现意味着接近底部区间。

最初时候的巨量突破就是猎豹出击瞬间。

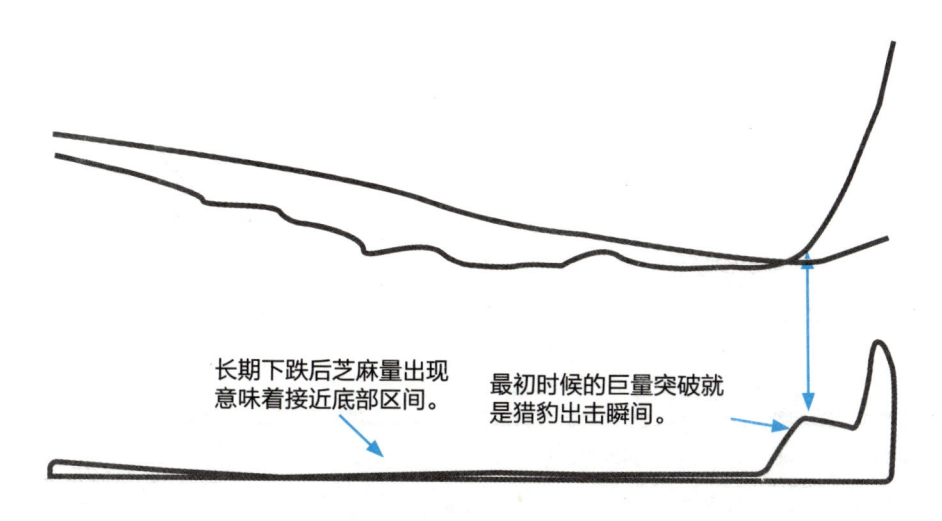

图4-23 猎豹出击形态示例

2. 猎豹出击形态的特征

第一，股价整体经过了两个月以上的充分下跌调整。

第二，股价在底部低点开始趋向稳定，或者逐步上涨。

第三，在底部调整过程中，当价格上涨时成交量增加，而价格下跌时成交量减少。

第四，出现中大阳线伴随成交量突然增加，并且股价站上了60日均线，此后走势趋于平稳。中大阳线的标准是涨幅在5%及以上，而放量的标准是最近几日的平均成交量的两倍以上。

第五，5日、10日和30日的短期均线系统呈现多头排列，向上发散（如图4-24所示）。

葡匐前进的猎豹出击瞬间。

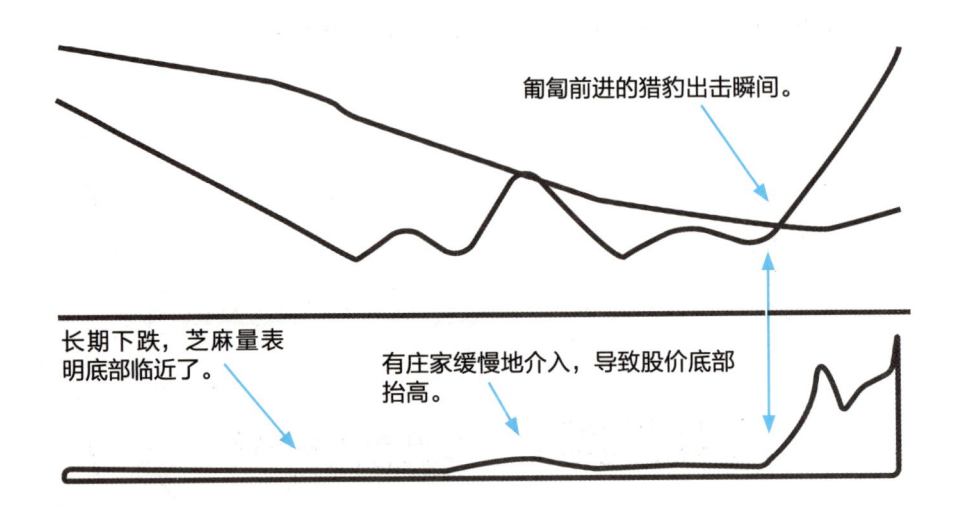

长期下跌，芝麻量表明底部临近了。

有庄家缓慢地介入，导致股价底部抬高。

图 4-24 猎豹出击形态的具体特征

⭐ 恒哥心得

基础面分析和技术分析是两种不同的分析交易方式。如果依据基础面分析进入市场，那么只有当基础面恶化时才会有出场的理由；如果依据技术图形分析进入市场，则只有当图形出现问题时才能出场。交易应该简单明了，不要混淆不同的分析交易方式。

宝剑锋从磨砺出，梅花香自苦寒来。在股市中，想要获得收益，就需要不断学习和总结。炒股需要先找到一种能够赚钱的交易方式，然后花时间沉淀，才能真正实践。只有经过长时间的学习，才会明白"有所得必有所舍"的道理。放弃不了解的行情，专注于自己擅长的领域是正道。

不得不承认的是，很多朋友的技术经不起实战的检验。

要判断股票的短期涨跌，不一定需要依赖基本面，而是要关注市场情绪和活跃资金对消息面的认可程度。虽然消息不断涌来，但资深机构能够从中总结出故事和预期，进而调动市场情绪。当情绪传染开来，资金便会大举涌入，带动股价飙升，迸发巨大的投资潜力。

如果只是一味地在下跌趋势中买入股票，而不结合股票的实际走势进行分析，那么只会浪费时间，甚至可能被套牢。因此，在分析消息面时需要综合考虑股票走势。

如果没有明确的趋势，交易就缺乏确定性，而趋势是交易的基础。那些喜欢寻找反弹机会的人可能会吃到一点甜头，但最终他们可能会遇到麻烦。

技术分析并非选股方式，而是一种分析方式。选股不能仅仅按照技术分析来做，还可以运用很多底部形态，比如金叉、底背离、芙蓉出水等。从趋势的角度考虑，结合情绪和资金流向，并且设置合理的止损点才是正确的交易思路。

炒股并非完全违背人类本性，当别人感到恐惧时，你也应该感到恐惧；当别人贪婪时，你更应该感到恐惧。

如果那些平日里从不讨论股票的人开始询问股市的投资情况，这时就应该考虑市场风险了。当市场中一半以上的人开始担心回调时，应该更加深入地思考，考虑这轮回调的幅度。

在A股生存的重要法则之一是要持续尊重市场。

第11节 破位吞噬形态详解

在股市中，主力有一种非常巧妙的破位洗盘的方法，来达到盈利目的。当我遇到股价的破位吞噬形态时，会更快地追踪它，这种形态往往说明洗盘已经完成，股价将进入上升通道（如图4-25所示）。

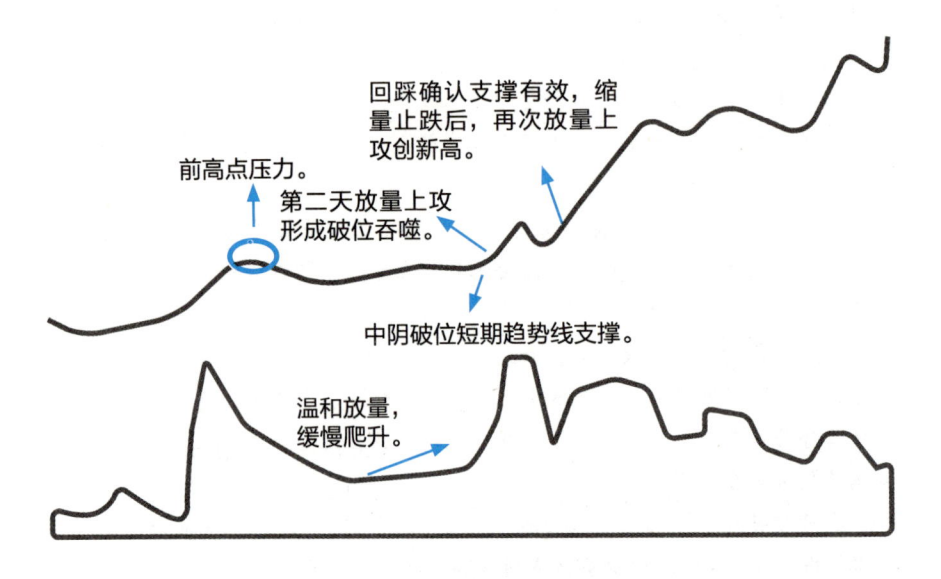

图 4-25　破位吞噬形态示例

在A股市场上，一只股票通常会在主力拉升之前出现洗盘的情况。我们此时还不能确定"盘子"是在洗还是已经洗完了，但是可以通过观察"盘子"发出的一系列信号进行初步推断。因此，寻找这些信号和迹象变得格外重要。以下列出了破位吞噬形态的操作重点。

1. 筛选股票

第一，在当天下跌了3%~6%的股票中进行初步分析筛选，并将处于下跌趋势的股票和连续下跌的公司予以剔除。

盘整震荡或上涨趋势中的阴线可能会引起空头洗盘，如果阴线过于明显，就会降低破位吞噬形态出现的可能性，除非股价不断冲破阴线上方，已经达到较高水平。

第二，那些长期处于亏损状态，存在严重基本面问题，并且负周转率长期低迷的股票应该被淘汰。

第三，建议选择成交量适度放大，且股价保持上涨的股票。

第四，还有一种符合标准的股票可以被选中，即股价没有经历过显著波动或经历了大幅上涨后，在高位区间内横盘震荡时存在一些问题，随后出现了下跌现象，下跌了3%并且收盘价为阴线6%，同时跌破了原本作为支撑的高位波动平台。这样的股票也有短期内跌破自己的支撑位的风险，也有出现破位吞噬形态的可能性。

2. 等待介入时机

在选定符合条件的股票后，不要马上进行交易，而是要等待攻击信号出现再确定最佳的介入时机。不是所有人都适合参与破位吞噬形态的操作，因此当信号出现时应当避免盲目参与。

投资机构介入的合适时机，恰好是股票持续放量的时候，还可以选择建立仓位布局，不必等到跌幅达到30%时才在阴线位置介入购买，而是可以在突破之前的高点时及时追击（如图4-26所示）。

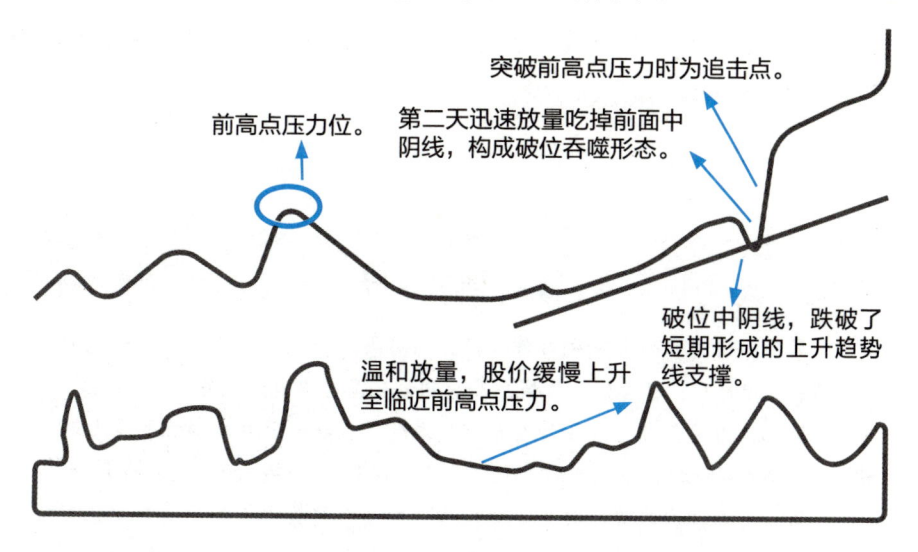

图4-26 破位吞噬形态的介入时机

3. 制定应急措施

总会存在股价受阻的情况，因此投资者在介入时无法保证股价稳定上涨。股价回落时，在收盘时会出现上影线，这时投资者就需要制订技术处理方案。如果第二天股价无法继续上涨而遇到上影线，应该先离场回避。因为一旦股价被堵住，可能会进入回调盘整的阶段。如果股价进一步回调，请观察成交量是否快速减少，再等待上涨信号并选择适当的时机进行介入。

4. 中间线断裂的两个原因

第一，当股价接近上涨压力位时，如果之前上涨速度较缓慢，那么前期的上涨压力位可能暂时无法被突破。主力会趁此做洗盘动作，这不仅能够达到洗盘的效果，而且洗盘产生的阴线能够被大阳线吞噬，从而改变进攻节奏。

第二，主力将股价推升至涨停，然后在高位强制清仓，但是清仓效果并不好。因此，在实施该方法之前，主力可能会故意打压股价，使其跌破重要支撑平台，引起股市恐慌，并以此实现清仓的目的，吸引更多资本参与（如图4-27所示）。

⭐ **恒哥心得**

第一，情绪和资金是被炒作和操作的对象。资金到位了，情绪也就调动起来。但时间、股票估值、消息和盈利筹码与这些事情无关。

第二，为避免被迫长线持有而损失本金，应及时设定止损位并在发现市场走势不利时执行止损操作。止损位设定得越深，本金损失就会越大。

第三，要顺应趋势，避免逆势操作。在上涨趋势中不要开空仓，在下大阳线之后，高位震荡盘整。

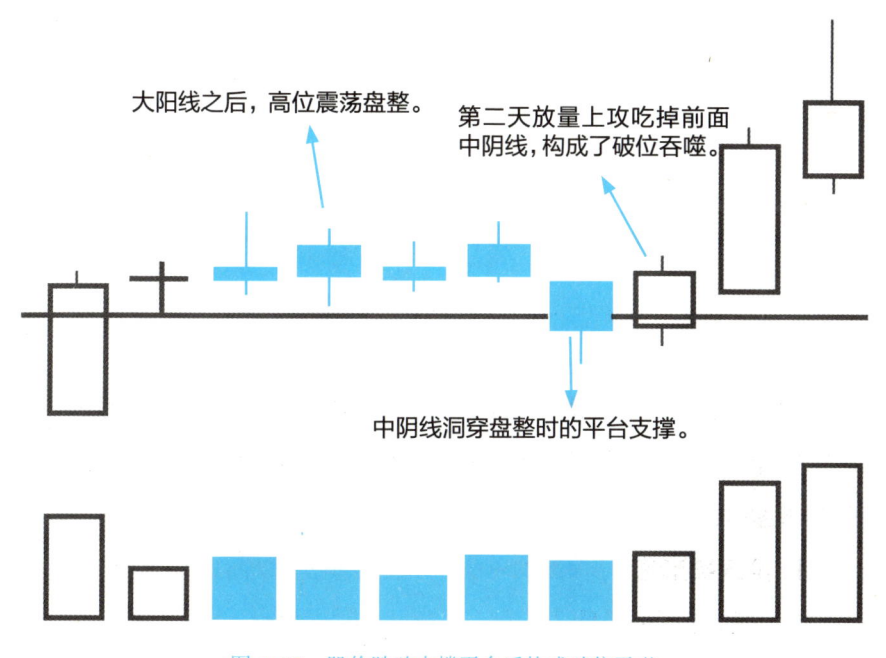

第二天放量上攻吃掉前面中阴线，构成了破位吞噬。

中阴线洞穿盘整时的平台支撑。

图 4-27　股价跌破支撑平台后构成破位吞噬

跌趋势中不要开多仓。

第四，越简单的交易系统越好。股票投资主要依靠交易来盈利，必须掌握简化交易系统的能力。例如，总结交易公式就是一种简单有效的交易系统。

第五，要在交易中获得盈利，需要控制风险并避免过度交易。一般来说，市场上的过度交易者大多数情况下无法获得盈利，因此在交易之前，需要确认交易行为与自己的交易系统相符合。

第12节　美人脚形态详解

在炒股时，一旦发现出现美人脚形态的股票，就可以毫不犹豫地入手，并等待大黑马的出现。如果投资者想要轻松获利，建议认真学习，直到精通为止。

1. 美人脚形态

美人脚形态指的是什么？

股票价格在下跌末期连续出现几根大阴线的快速杀跌后，由于超跌现象，股价出现了小幅反弹，但很快又回落，60日均线成了股价的阻力，此时股价虽然一直走低却没有跌破前低点，之后随着时间的推移，股价的运行空间越来越小，直至惊现放量拉升并突破60日均线。

美人脚形态是由前期超跌的大阴线形成的"脚跟"、股价的60日均线不断走低形成的"脚背"，以及突破60日均线的大阳线所形成的"脚尖"三者结合而成的（如图4-28所示）。

因为之前经历了两次下跌洗盘，散户的持股数量大量流失，所以在股价伴随放量突破60日均线后，其上涨空间相当可观。因此，这种形态被形容为"一脚踢出大黑马"。美人脚是主升浪K线战法中擒主力的形态之一。

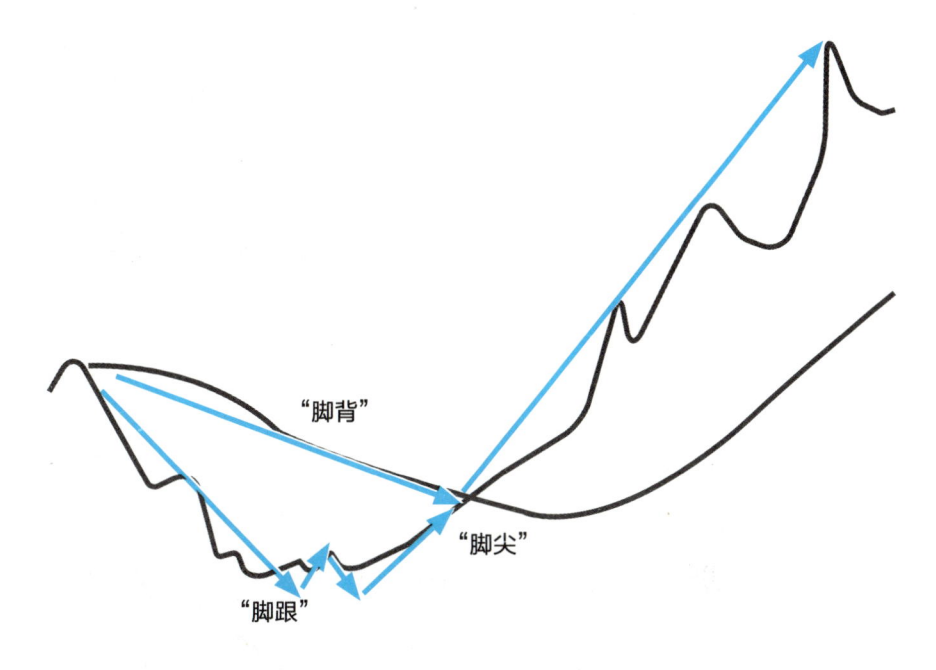

图 4-28 美人脚形态示例

2. 美人脚形态特征

第一，在股价前期快速下跌时，要观察成交量是否过大，因为在后期股价突破60日均线时，如果放量过大，则可能导致股价再次回落。

第二，美人脚形态形成之前的下跌趋势周期和幅度越大越好，即美人脚之上的美人腿要尽可能地长。

第三，短线、中线和长线这三种不同的投资方式要以不同的均线作为基准线，其中短线以30日均线为基准，中线以60日均线为基准，长线以120日均线为基准。

第四，股价在后期形成"脚底"时，要观察成交量的情况。此时最好是放量上涨，缩量下跌，这表明有主力正在进行洗盘和吸筹的操作。

第五，若在后期回调时股价不跌破前低，这说明确实有主力在操控股价。

第六，"脚尖"形成时必须是自然粘合，不能是暴力拉升的方式。如果"脚尖"过于肥大，容易出现假突破并导致跌破的情况。

第七，在股票市场中，当股价出现上涨趋势时，成交量应该逐渐增加，但不应该突然增加到极高水平，也不应该增加后马上大幅减少（如图4-29所示）。

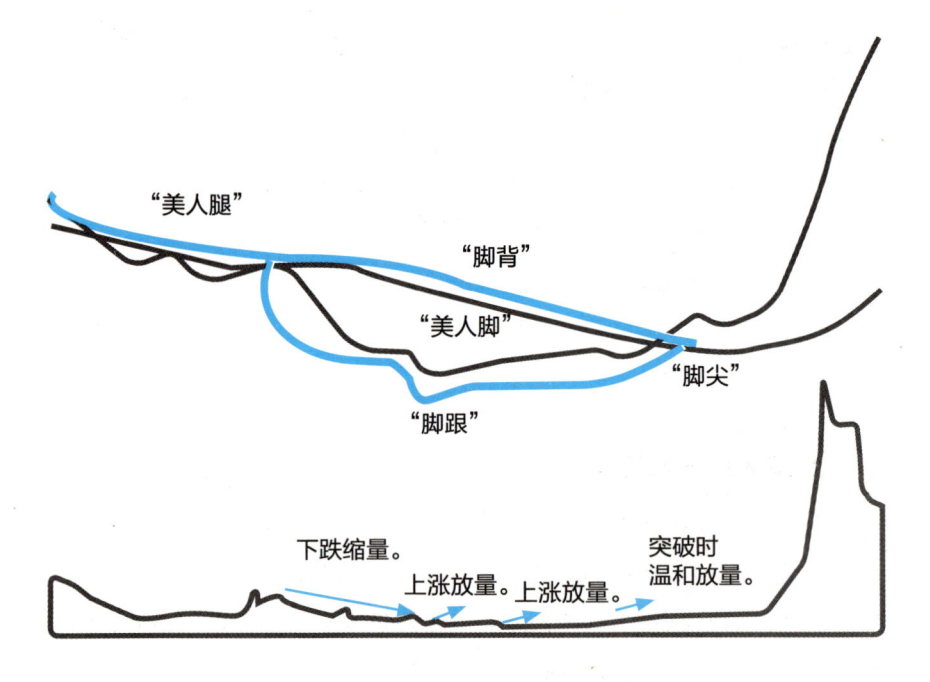

图 4-29 美人脚形态的特征

我们需要灵活地辨别每种K线形态并进行技术分析，因为它们都有可能被主力反利用，只有这样才能实现盈利。

3. 美人脚形态的介入点

第一介入点是在股价随放量突破60日均线时。

第二个介入点是在5日和60日均线形成金叉的时候。

第三个介入点是5日、10日和60日均线形成三线金叉后再经过一个价托的时候。

美人脚形态出现后，回踩任意均线而不破时都是介入点。

⭐ 恒哥心得

你处于炒股的五个阶段中的哪一个？

第一阶段，1~3年。每天都能听到股市大涨的新闻，也会有朋友建议开账户进入股市交易。在起步阶段资金规模较小，通常会选择购买涨势最强的股票，这样一般都可以获得一些小利润。

第二阶段，2~5年。开始学习股票知识，通过研究各种技术手段，学会了分析市盈率等财务指标。为了减少风险，在价格大幅上涨时会及早抛出并获利，当价格大幅下跌时有耐心持有并等待回涨。小亏一般从这个阶段开始，因为投入的资金开始增加。

第三阶段，3~8年。为了更好地投资，对所涉及的行业、企业以及财务指标进行深入研究，也关注与资本市场相关的新闻和信息。尽管市场强劲上涨，但我们仍需对其保持敬畏之心，不能盲目追高，反而要抓住低迷时机，寻找投资机会。这个阶段资金不断增加，对自己充满信心，甚至使用杠杆，并频繁交易，但最终可能亏损。

第四阶段，5~10年。开始研究宏观经济，对各行业的过去、现在和未来有更深刻的了解，能够选择正确的方向，并保持一定的持股信心和耐心。总体来说，这有助于形成自己的选股和操作风格，开始获得盈利。但是，此时盈利的波动较大。

第五阶段，投资者可以稳定获得盈利，并且收益的曲线保持平滑。

第四阶段和第五阶段的最大区别在于资金量。当资金规模增大时，为保障资金安全，投资者倾向于将资金分散到多只股票里，这样就可以减小

> 投资收益的波动性。
>
> 　　实际上，还有一类人是专门追逐强势股票的短线投资者。他们不关注企业基本面，只考虑市场情绪。其实这并不新奇，你也可以将其分为另外的五个阶段。
>
> 　　有人只会盲目跟从别人追买涨停，有人具备一定的技术和市场情绪分析能力，还有一些人则是在达到第五阶段后觉得这种投资方式赚钱速度太慢，因此利用自身的资金优势进行短线投机。

第13节　经典圆弧底形态详解

　　股票投资可以根据交易周期的不同分为长线、中线和短线投资。

　　所谓短线炒股是指在极短的时间内（1～2周，甚至当天），进行股票买进卖出的投资行为。短线投资者的主要目标在于获取短期差价收益，而不太关注股票的基本面情况。因此，他们通常利用技术图表进行分析。

　　短线投资者一般来说会将操作的时间限定在两三天内，若发现所持股票上涨后差价利润足够，便会及时平仓以套现获取收益。反之，若差价利润不足或股价下跌，投资者会结束该股票的短线操作，寻找其他目标进行短线交易。

　　圆弧底是一种常见的反转形态。这种形态的形成是一个逐渐发展的过程。在这个过程中，市场多空双方处于势均力敌状态，交替获胜，导致股价维持一个较长时间的盘整局面，最终，才会出现向上的反转行情。

1. 圆弧底形态的特征

第一，股价处于较低的范围内。

第二，股价的变动是简单而连续的，开始缓慢下跌，然后缓慢回升，使K线图形成一个圆弧。

第三，先是股价逐步降低，成交量变化与之相同，逐步减少，呈圆弧形，后随着股价回升，成交量也逐步增加（如图4-30所示）。

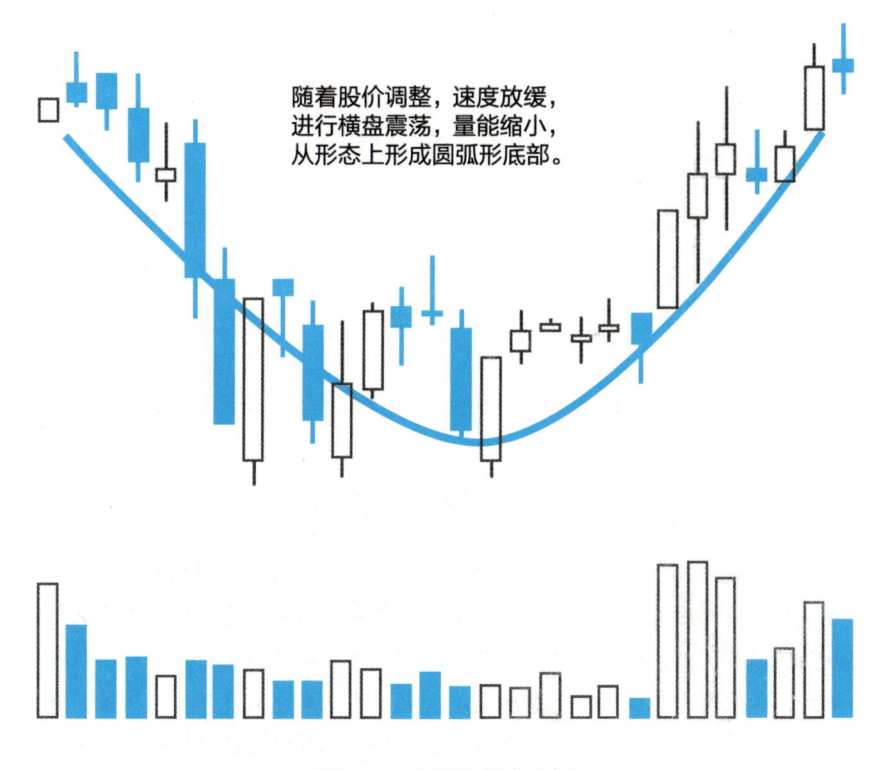

随着股价调整，速度放缓，进行横盘震荡，量能缩小，从形态上形成圆弧形底部。

图 4-30　圆弧底形态示例

第四，圆弧底形成后，股价迅速上涨，成交量也明显增大。股价涨幅迅猛，少有回落调整的情况发生。

2. 圆弧底形态的市场含义

随着股价下跌，卖方势力逐步减弱，导致抛盘主动性减少，进而导致买方力量不足，成交量持续下降。

当股价跌到极低水平时，某些主要机构或先知先觉的投资者会开始悄悄买入股票，并逐渐增强多方力量，从而导致股价和交易量缓慢上升。

在最后阶段，买方势力开始完全控制市场，导致股票价格迅速攀升。由于之前底部的形成耗时较长，交易量充分，一旦价格向上突破，卖方往往无力抵抗，通常无需回落即可获得惊人的短期升幅。

3. 圆弧底形态的介入点

在圆弧底形成的过程中，多空双方均不积极参与，导致成交量极小，价格变得异常沉闷。这一状态持续时间较长，因此不建议过早介入。相反，投资者可以选择在突破颈线时介入。

⭐ 恒哥心得

百年的华尔街经验表明，市场比大多数人更具耐心，因此大多数人会亏钱。只有那些比其他人更有耐心的人才能获得盈利。在市场没有上涨行情的情况下，必须保持忍耐，即使感到难以忍受也必须忍耐。面对行情的波动，必须有勇气去面对并及时采取行动，要果断地执行正确的决策，如果情况对自己不利，则要敢于及时止损离场。在股价进行回调时，必须保持耐心，只有等待转势出现后才能平仓。

只有持之以恒的耐心才能等到机会的出现。所有成功的交易者都具备同样的特征，他们不会为了交易而交易，而是会耐心等待恰当的时机，然后采取行动。

成功的关键在于拥有惊人的耐心，要耐心地等待时机和外部环境的改变，直到这些变化完全反映在股价上。

一旦机会出现，交易者更需要坚定持有有利股票的耐心。显然，耐心持有有利股票比耐心空仓等待机会更需要坚定的信念，因此前者的考验比后者更大。

与其他基金经理人相比，巴菲特的核心竞争优势在于他更有耐心、更坚定。实际上，市场中存在着许多自认为很聪明的投资者，他们总是试图在趋势运动中赚取全部的利润，因此频繁地在市场中操作，以展现自己的过人智慧。然而，投资实践表明，这些行为都是无用的，而且非常危险！

许多人勇于积极行动，但却缺乏等待成功果实的耐心。等待并非易事，这个过程可能需要付出时间成本，还要面对猜疑和自我怀疑。你需要时常提醒自己，今天付出的努力今天可能看不到效果和回报，但不代表明天也看不到。

要充满自信地追求自己的目标，在有利的时候可以增加投入，只需耐心等待收获的时机，且需注意储备足够的"过冬粮食"。如果形势不利，可以减少"播种量"，并在情况好转时逐渐增加。

我们要有充足的准备，即便处于不利形势，也要坚持薄利多收的策略，并保持极大的耐心，而保持良好耐心的基础就是良好的资金管理。

第14节　快速辨别短线逃顶信号

股市中有一句俗语是"底部百日，顶部三天"，表明在股市中想要逃离顶部的难度非常高。

很多投资者会碰到这种情况：一开始对某只股票充满信心，买入的时机也不错，价格相对较低，但由于没有掌握好卖出时机，在股价见顶时没有及时逃离，随后股价不断下跌，投资者越来越不愿抛售，结果盈利急剧减少，甚至损失本金。

缺乏逃顶技巧往往是导致这种情况出现的主要原因。要在股市中实现长期盈利，掌握逃顶技巧至关重要。

1. 放量滞涨的两种形式

假如你遇到这种图形：股价整体没涨，但在短期高点处出现了一连串伴随放量的多根阳线和阴线，那你就必须要小心谨慎对待了！

股价滞涨，是因为持续的放量无法推升它。持续的抛压导致多方消耗了许多力量，加之持续放量的影响，股价可能会面临调整。

一般而言，放量滞涨有两种形式。

第一种形式是，在经历一轮迅速上涨后，股票开始盘整，出现了大阳线和大阴线的交替，股价不断地大幅波动（如图4-31所示）。

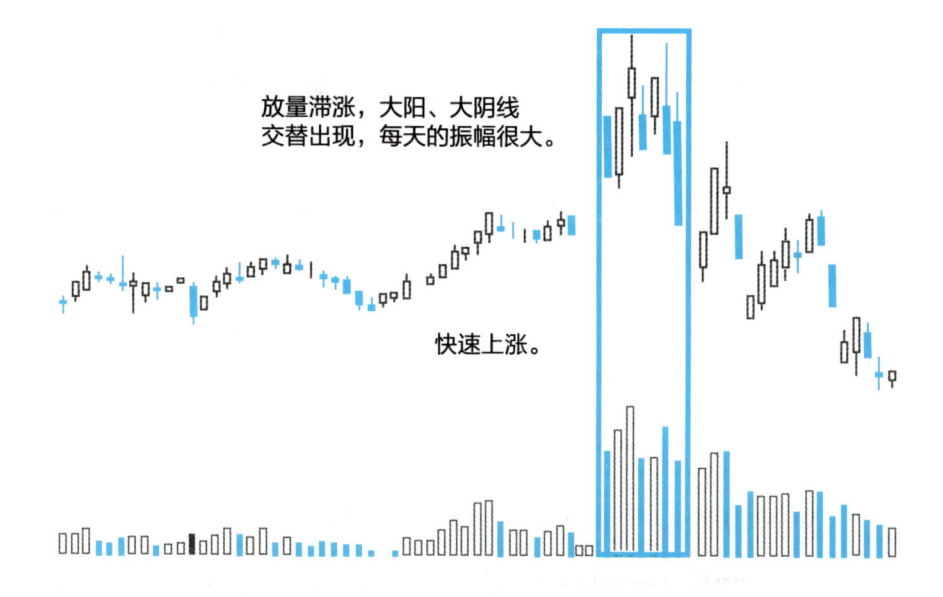

放量滞涨，大阳、大阴线
交替出现，每天的振幅很大。

快速上涨。

图 4-31　股价快速上涨后的大幅波动

市场形势表明，多空力量对峙，空方力量占优势，这导致了相对较大的抛压。当面对这种趋势时，应该立刻在高点卖出，并且果断地离场。

第二种形式是，股价经历了快速上涨后，开始进入盘整阶段，此时的K线主要以小阳线、小阴线为主。如果只观察K线图，则可能认为股价比较平稳，是在快速上涨后出现的整理期，预示着未来可能会继续走高。但从成交量来看，这个形态显示出放量滞涨的迹象，因此可能存在调整风险，建议在高位卖出以规避风险（如图4-32所示）。

快速上涨。

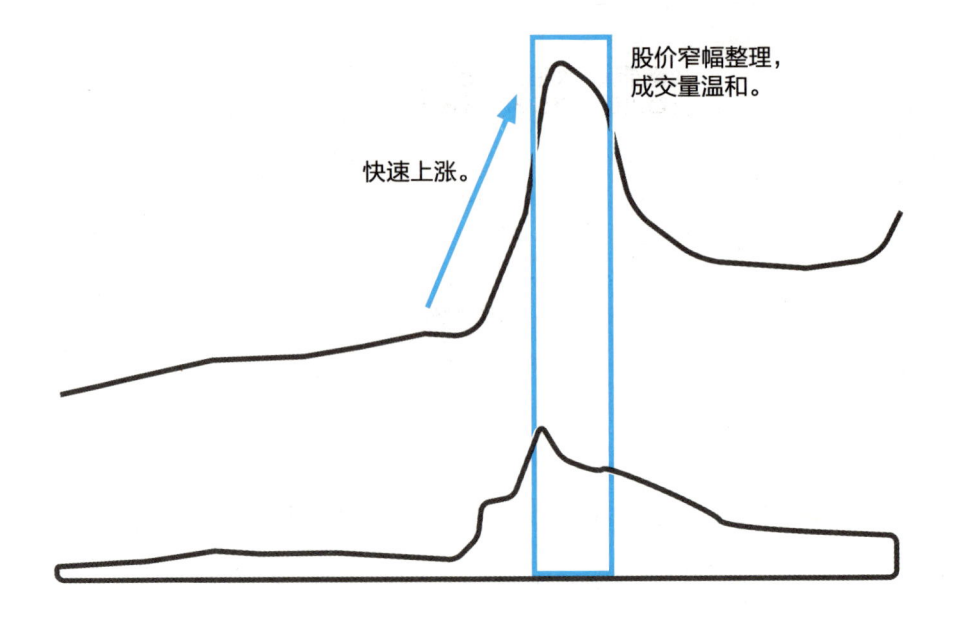

股价窄幅整理，成交量温和。

图 4-32　股价快速上涨后的小幅调整

2. 短线逃顶注意事项

观察成交量在实际运用中是非常重要的。如果股价在短线高点周围出现盘整区间并且没有明显的成交量变化信号，一般很难确定未来的方向。

逃顶，是很多人的心病，所有的人都想在低位的时候买入，而在高位的时候抛出。然而在实际中，没有几个人能做到这点，甚至在逃顶的时候，一个不小心，给自己造成了巨大的损失。

大多数股票在大量交易时呈现的长阴线，通常是由股价从高处回落形成的（如图4-33所示）。这种情况下，后续的回调幅度通常较大。如果股价连续上涨后出现第一根阴线，可能是个例外情况，可以尝试首阴选股。但是，要做出正确的判断需要一定的能力，最好还是要小心谨慎。

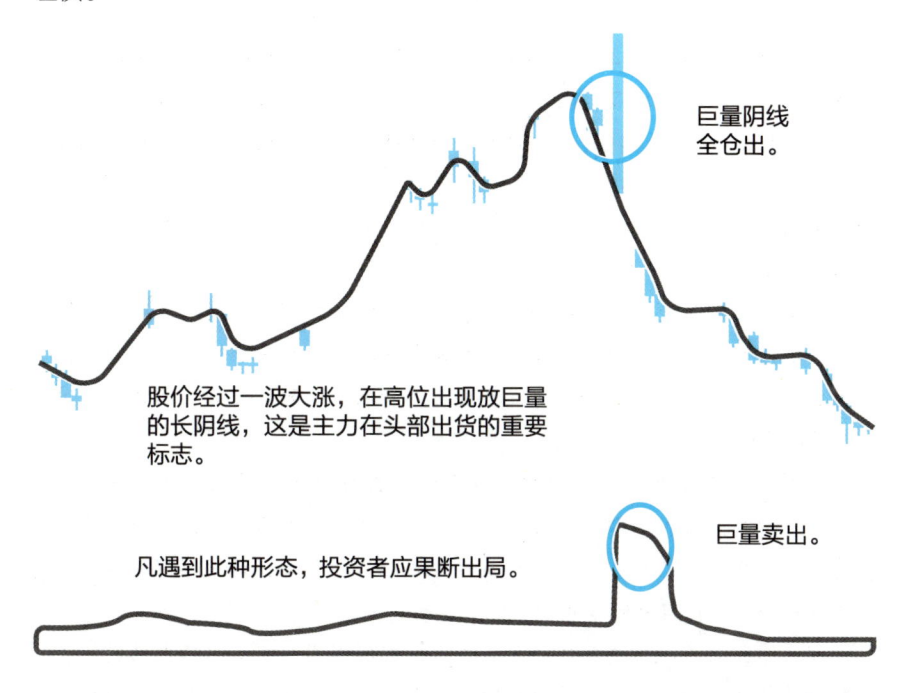

巨量阴线全仓出。

股价经过一波大涨，在高位出现放巨量的长阴线，这是主力在头部出货的重要标志。

巨量卖出。

凡遇到此种形态，投资者应果断出局。

图 4-33　股价高处回落时的长阴线

如果股价再拉升一波之后出现一根比较长的阴线，无论多好的机会，我们都应该保持谨慎。即使出现在高位上收的长上影线，也需要小心处理，这与底部或横盘阶段的长上影线明显不同，后者有可能是价格即将反转的信号，被称为"仙人指路"。而"仙人乱指路"的那种K线形态通常在高位出现，具有冲高回落的趋势，并留有较长的上影线。

⭐ 恒哥心得

在进行股票交易时，操作不应过于随意，而应采取有根据的措施。虽然我们都知道应该顺势而为，但有些人却喜欢在股票下跌趋势中抄底，甚至在明知破位后还抱有侥幸心理，一直持股死扛，最终遭受巨大亏损并退出市场。犯一些小错并不可怕，但如果犯了大错，甚至明知完全做错还不愿意悔改，就变得非常危险了。我在炒股中，始终坚持"四不进、两不出"的原则。

第一，整体处于下跌趋势的股票不进。宁愿持有上下波动的股票并等待股价回升，也不要把资金投入整体呈下跌趋势的股票中，这样资金才会更安全。只有股价站稳60日均线之后，才能确定是触底反弹，而不是继续下跌的中继。

第二，基本面出现问题的股票不进。在股票基本面出现问题的情况下，应该避免买入，即使股价已经下跌了一大半，也不要试图抄底。这种情况下，所谓的"底"可能只是主力诱多行为的表象，运气不好的话，可能最终会一直持股直到退市。

第三，放量跌破支撑线的股票不进。在股市中，在一只股票的股价下跌并跌破支撑线后，如果股价反弹时没有站上支撑线，那这时的反弹可能是主力出售剩余筹码的举措。因此，在此阶段买进该股票并不明智，最好在股价站稳支撑线之后再考虑入场。

第四，短期涨幅过高，却没有伴随利好消息的热点板块股票不进。股价走势常常会短期内出现从衰退到繁荣再到衰退的过程，而这种情况常常毫无征兆。因此，虽然追高可能获利，但快速的上涨也会带来相应的风险。如果错过了入场时机，就不要勉强进入，因为股市中最不缺的就是机会。

第五，上升趋势中每次股价回调没有跌破趋势线的股票不出。当股票价格在逐步上升时，如果回调下跌时不跌破趋势线，就应该继续持有，就像拳头只有收回来再打出去力度才是最大的，每次回调都是为了更好地上涨。除非出现股价跌破位或者主升浪结束的情况，否则不建议离场。

第六，中长线投资时，月线级别股价与MACD出现背离的股票不出。

> 股价的变化会反映在MACD指标上，如果股票的月线级别股价与MACD指标的趋势相反，就表明主力在进行大量的买卖交易。这种现象通常被认为是受到资金流向的影响而出现的，这时很少出现真正的买卖机会。
>
> 股市和人生一样，需要不断地学习和积累经验。我们应该知道，模糊而正确的决策比精确而错误的决策更为重要。我们投资的目标是盈利，因此不要与趋势作对。
>
> 在投资股票时，应该投资大概率能盈利的股票，而不是凭主观意识猜测，虽然股市中任何走势都有可能出现，但不符合技术分析的走势只有很小的概率出现。不要太过于纠结那种可能性，只要做好自己能够控制的事情即可，对于自己控制范围之外的事情，要坚决不去碰。

第15节　实战中常见的回踩预判

对于那些担心在支撑位进场时错失机会，又担心无法准确判断转折点，或者担心突破点出现假突破的人来说，更安全可靠的做法是在价格突破后回踩时介入。

一只股票一开始表现弱势，经历转折后股价突破并回踩成功，表示它已经完成了由弱到渐强的转变，接下来很可能会出现大幅上涨，并开始进入主升浪阶段。

回踩介入是指在价格下跌到特定支撑位时逢低买入的交易策略。回踩介入是股票投资中除了支撑点、转折点和突破点介入外的另一种预判介入方法，其可以提升炒股时的幸福感。

1. 回踩介入原理

所谓的回踩，就是指突破后回调下跌确认成功的时机，也可以包括常见的上升回调。股票价格要突破时一定会回踩，这是进场买入的好时机。

股价突破的过程涉及获利盘的累积，随着价格上涨，抛压逐渐增大，上涨动力逐渐减弱，因此需要进行横盘蓄势或回调休整。

平时爬山时，几乎没有人能够一口气从山脚爬到山顶，这和股价上涨的情况很相似。一些人不敢在股价突破时轻易进场，可能是因为他们知道股价突破成功后，即使当天可能会上涨，或者没有上涨，之后也很可能出现回调，所以他们选择等待回调确认后再入场，这样做能够有更高的盈利概率和更大的操作空间。

明白了这个原理后，现在我们观察一个实例。有一只某公司发行的巡检机器人概念股，是一只涨跌幅为20%的次新股。在某日，该股票的股价在早盘时伴随大放量突破了平台的上边界，随后在午后迅速拉升并封板。当天突破时如果没有潜伏，在股票涨幅已经超过8%时不敢追（如图4-34所示），那么下次介入的时机就是股票回落至平台上沿的时候，这个时候通常股价会与5日均线重合。回踩介入就是指这种介入方法。

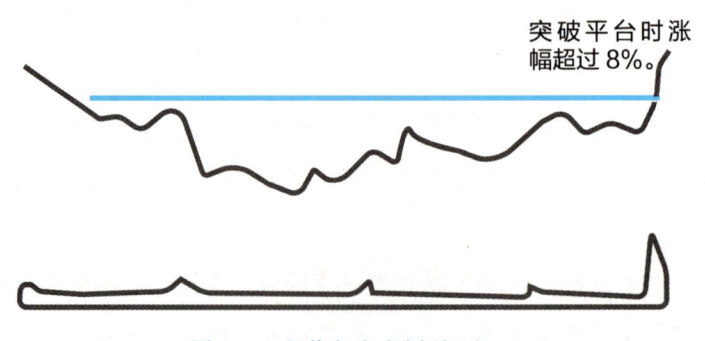

图4-34 股价突破时涨幅超过8%

2. 回踩可以介入的原因

关注股价突破点的原因以及次日回踩时介入的价值，需要进行综合分析，并正确预判回踩支撑位的情况。这里继续参考上面的案例进行进一步的详细分析。

第一，这只股票是次新股，上市不到一年。前半年它在高位震荡，后半年则在中轴下方震荡走高。此外，重心上移的过程很平缓，堆量趋势明显，显示看多信号。最近再次涨至均线密集区时，出现了小阴小阳的K线蓄势现象。同时，捕捞季节指标从绿柱上穿至0轴附近，并出现了隐隐约约的红柱，这也表明了同样的弱转强信号。

之后筹码高度集中，但已经很接近上方平台高点了，随时有可能突破上涨。因此，在接下来的几个交易日里应该格外关注。果然，次日该股票的价格就伴随放量突破上涨，收盘涨停时幅度达到20%（如图4-35所示）。

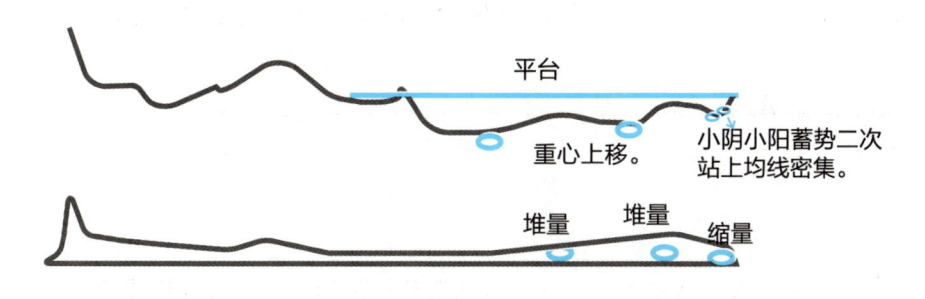

图4-35 该股票的价格变动趋势

第二，再看当天和次日的分时走势。可以清晰地看出，次日开盘后股价下跌，消化了前一天的盈利（如图4-36所示）。到达图中①号位置时，股价急速反弹，因为这个位置是历史高位平台66元的上沿，应该有支撑。实际情况也验证了这一点。

图中①号位置只是第一次回踩而已,之后股价经历了一次弱势震荡和二次探底,但并没有跌破之前的低点,这表明平台的支撑非常有效。此时便是一个比较好的回踩介入的时机。

同样是在次日午后,该股又给了二次介入的机会,条件是不跌破之前的低点,如果之前错过了第一次机会,更应该抓住这次机会。这个平台在一天内被回踩了三次,但每次都支撑了反弹,进一步验证了对回踩介入的预测。

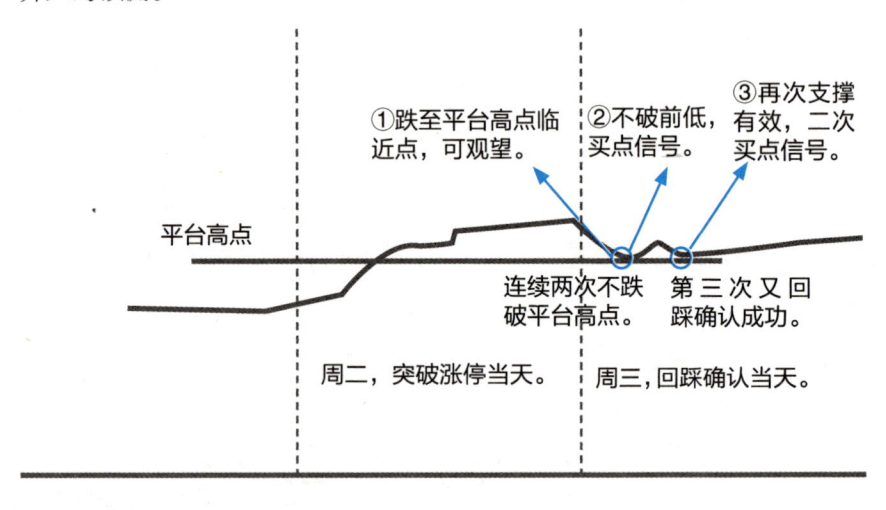

图 4-36 该股票当天和次日的分时走势

因此,在某些情况下,即使判断股价突破为真突破,如果股价当天已经上涨,也不需要急于买入,可以等待回落后再确认。回踩的时间长短是不同的,需要等待一定时间才会出现。不过,关键在于预测支撑位的位置,在跌到一定程度时会出现支撑,而支撑是否强大也很重要。

3. 回踩确认的类型

也许有人会问:"一些股票在回踩支撑位时会直接跌破,另一些则在第二次起飞之前根本不会回头,那么我们该如何在实际操作中加以区分呢?"

问题不错!在正常走势中,个别股票到达支撑位或压力位时会反弹或回落。但是,那些强势股会全力以赴,即使遇到压力位也能够冲过去,或者在没有回落到支撑位的情况下也能提前反弹。

在进行回踩确认时,投资者需要根据股票的股性、近期走势的强弱、回调的深度等多个因素综合判断,因为这些因素是区分强势股和弱势股的关键。看似时间和空间的调整似乎还不足以支撑这种判断。

第一,弱势股的回踩介入。

如果回调已经跌破启动位或支撑线,走势变得疲软,除非下方有较强的二档支撑,否则跌破时就可以考虑出局观望。如果发现在下方不远处还有年线支撑,而此时的回落并没有太多的利空因素,且回落的过程也没有太多的成交量,那么可以预测后续还有投资机会,可以继续观察其年线支撑(如图4-37所示)。上述策略指的是在股票走势弱的情况下,等待其回踩确认后的进场判断。

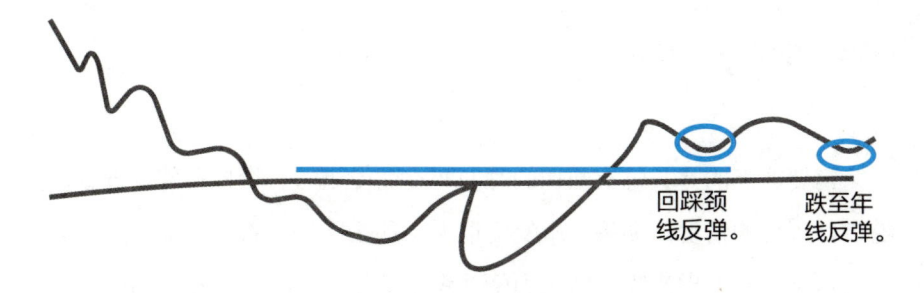

图 4-37　弱势股回踩的年线支撑

第二,常态的回踩介入。

还有一种常见的回踩介入,表现为趋势相对平稳,既不强劲也不疲弱。观察这种类型的个股,你会发现它们大多具有回落至支撑后反弹的特点。

　　这类具有相似股性的股票很常见，比如博雅生物、妙可蓝多和和而泰等，它们在上升后回落的过程中，每次都会在前方平台或一些长期均线的支撑下有效地反弹上涨（如图4-38所示）。因此在理论上，可以大胆推测，如果这种股票下一次出现涨高回撤的情况，仍然可能会在平台上成功支撑。

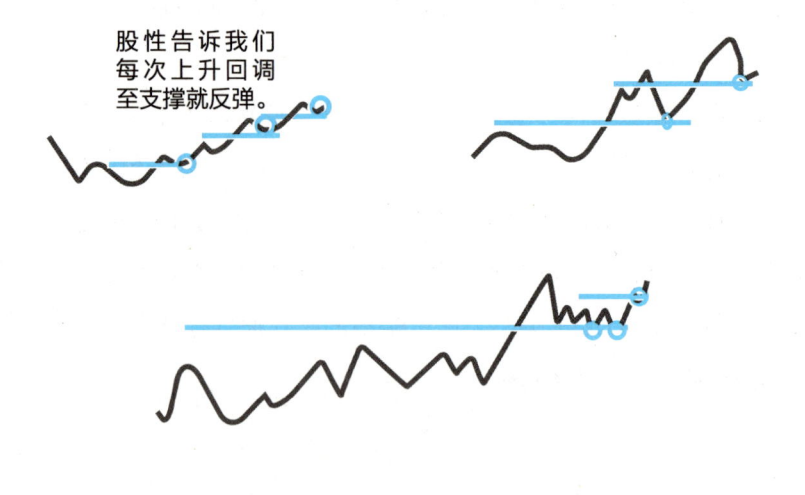

图 4-38　常态回踩支撑示例

　　需要注意的是，每次回调的时间和空间要足够，否则可能会导致没有调整到位的情况。如果上涨幅度很大，那么回调也将会很深。股票会通过这种时空整理来吸收空头力量并积累动能，这样才能在价格下跌到支撑位时，出现止跌反弹的情况。

　　第三，强势股的回踩介入。

　　强势股的回踩介入是最后一种类型。股票会被判定为强势股，是因为它的回调一直是属于"空中加油"模式，即回调的时间很短，并且很快又开始上涨。这就好像汽车加满油后，马上就可以重新启动，容易让人错过上车时机。投资者可以通过对股性等因素的综合判断来确定某只股票是否为强势股。

以下面某股票为例（如图4-39所示），股价在B处平台稍事休整后，便以高开放量跳空的形式突破了上市以来的高点，并进入了C处的强势整理阶段，最终再次启动起飞。

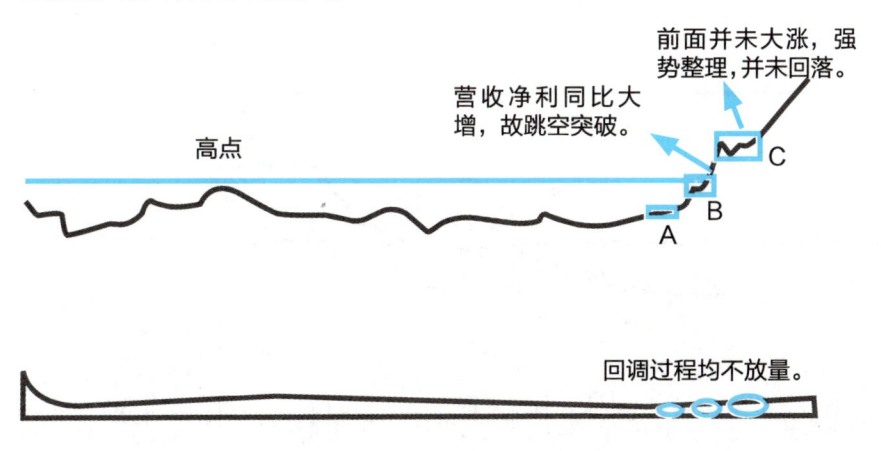

图 4-39　某强势股的回踩情况

该股在回踩时，没有回到平台上，也没有回落到跳空缺口下，而是在横盘了几天后就开始上涨。那么跳空突破后该如何判断回踩介入的时机？如何更好地预测这个位置的回调强度？介入时为什么不需要等待它回落到缺口或前方平台？接下来我们要观察一些细节：

该股票属于次新股，自上市以来一直处于低位的箱体震荡状态。一季报公布当天，该股出现跳空放量并突破历史高点，但次日则出现冲高回落的情况。收盘时，出现了一个长长的上影线，表明股价可能即将调整。

之后出现了一组揉搓线,其中包括一些较长的上下影线,这表明主力正在洗盘,预测未来即使出现调整,股票仍有上涨的趋势(如图4-40所示)。

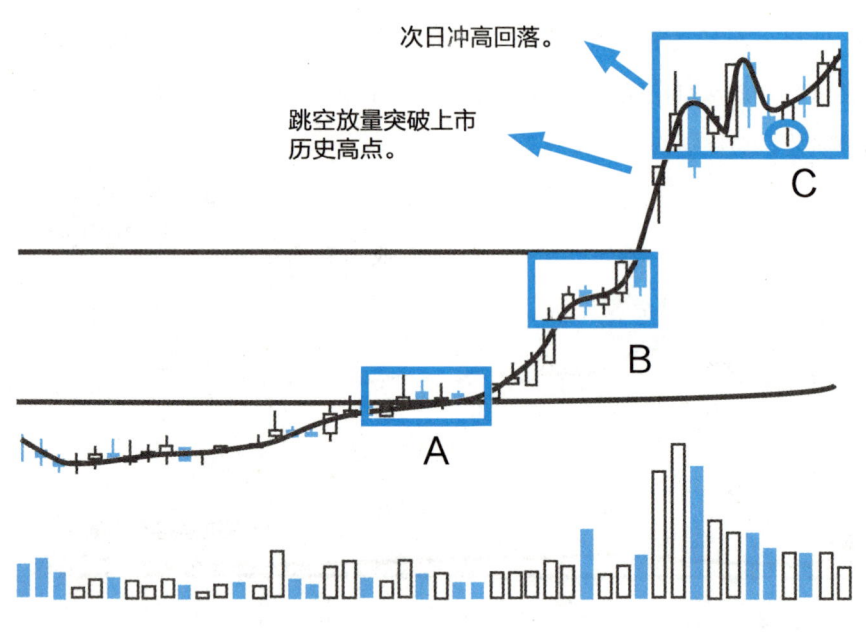

次日冲高回落。

跳空放量突破上市
历史高点。

图 4-40　某强势股冲高回落后的调整

通过上图A和B处可以看到,该股前两次的上升后初期休整时表现为横盘强势状态,没有大幅回落,表现出强势特征。因此,我们可以预测这种强势特征仍然存在,此次上升回落并不会跌至缺口下方,甚至前方平台。

预计此次回调相对强势后,可以单独观察C处整理平台。调整第一天是大阴线,但其余调整时的K线则均伴随缩量现象,这增强了看多的预判准确性。

根据调整周期应该大于上涨周期的规律,若前面连涨两天,则调整